ro
ro
ro

D0557214

*Mit Vignetten
von Antje von Stemm*

Christine Nöstlinger

Wir pfeifen auf den Gurkenkönig

Wolfgang Hogelmann erzählt die Wahrheit,
ohne auf die Deutschlehrergliederung
zu verzichten

Ein Kinderroman

Rowohlt Taschenbuch Verlag

37. Auflage April 2004

Veröffentlicht im Rowohlt Taschenbuch
Verlag, Reinbek bei Hamburg,
Juli 1977
Copyright © 1972 by Beltz Verlag,
Weinheim und Basel,
Programm Beltz & Gelberg
Umschlaggestaltung Barbara Hanke
Umschlagillustration Antje von Stemm
rotfuchs-Comic Jan P. Schniebel
Copyright © 2000 by Rowohlt Taschenbuch
Verlag GmbH, Reinbek bei Hamburg
Alle Rechte an dieser Ausgabe vorbehalten
Satz Adobe Garamond PostScript (PageOne)
Gesamtherstellung Clausen & Bosse, Leck
Printed in Germany
ISBN 3 499 20153 4

Vorwort

Mein Opa hat gesagt, einer von uns muss die Geschichte aufschreiben. Und da hat der Opa Recht.

Martina hat gesagt, sie wird es tun. Doch alles, was sie bisher getan hat, war, dass sie einen Stoß rosa Papier und ein grünes Farbband für die Schreibmaschine gekauft hat. Sie sagt, sie hat mit dem Schreiben noch nicht begonnen, weil die Gliederung der Geschichte so schwierig ist. Auf die richtige Gliederung einer Geschichte kommt es nämlich an, hat ihr Deutschlehrer gesagt.

Mir ist die Gliederung wurscht! Und weil ich jetzt gerade den Gipsfuß habe und sowieso nicht schwimmen gehen kann, schreibe ich es halt auf.

Erstes Kapitel oder Nr. 1
der Deutschlehrergliederung.

Ich beschreibe, wer wir sind. Was plötzlich in der Küche pocht. Der Chefredakteur will nichts davon wissen. Die Fotoapparate wollen auch nicht, obwohl es 5 Stück sind.

Angefangen hat es viel früher. Aber bemerkt haben wir es erst am vergangenen Ostersonntag beim Frühstück. Zuerst hat es gekracht. Ich habe geglaubt, in der Küche ist etwas umgefallen. Mama ist nachschauen gegangen, und als sie wiedergekommen ist, hat sie gezittert, und wir ...

Also, ich muss wahrscheinlich zuerst sagen, wer wir sind. Wir, das sind Opa und Mama und Papa und Martina und Niki und ich. Opa ist fast siebzig und hat vom letzten Schlaganfall einen steifen Fuß und einen schiefen Mund. Aber mit dem schiefen Mund kann er noch immer eine Menge gescheiter Sachen sagen. Mehr als viele andere Leute mit ganz geraden Mündern. Opa ist der Vater von Papa.

Papa ist um vierzig und Abteilungsleiter in einer Autoversicherung, aber nur ein sehr kleiner Abteilungsleiter. Mama sagt, dass er in der Firma höchstens drei Leute anschreien darf. Darum schreit er wahrscheinlich zu Hause so viel, meint Opa.

Mama ist auch vierzig. Sie sieht angeblich viel jünger aus. Sie hat blond gefärbte Haare und wiegt nur fünfzig Kilo. Meistens ist sie lustig. Manchmal ist sie wütend und schimpft, dass sie nur unser Dienstbote ist und dass sie wieder arbeiten gehen wird, und dann können wir uns unseren Krempel alleine machen.

Martina geht in die fünfte Klasse vom Gymnasium. Sie ist dünn und lang und hat blonde Haare. Aber die sind echt. Sie sieht schlecht, weil ihr die Stirnfransen über die Augen hängen. Sie liebt den Berger Alex, der in ihre Klasse geht. Papa schreit deswegen, weil der Berger Alex lange Haare hat. Mama sagt, das macht nichts, weil die Martina trotzdem Klassenbeste ist und man die erste Liebe sowieso nicht heiratet. Verglichen mit ihren Schulfreundinnen ist Martina aber keine sehr blöde Gans.

Niki ist unser kleiner Bruder. Ich nenne ihn oft Nik. Er lernt gerade in der Schule, wie viel zwei mal zwei ist, obwohl er das schon seit drei Jahren weiß. Unlängst war eine Riesenaufregung wegen ihm, weil er mitten in der Rechenstunde aufgestanden ist und «auf Wiedersehn» gesagt hat und fortgegangen ist. Er ist aber nicht nach Hause gegangen, sondern zum alten Hubert, unserem Tischler. Dort hat er die Hobelspäne zusammengekehrt. Er will einmal Tischler werden. Die Lehrerin hat Mama angerufen und gesagt, dass der Niki eine Zwei in Betragen bekommen wird.

Ich bin der Wolfgang und zwölf Jahre alt. Ich gehe in die zweite Gymnasiumklasse. Martina sagt, ich sehe verboten aus. Mir ist ganz gleich, wie ich aussehe. So, wie ich wirklich gern aussehen möchte, kann ich sowieso nicht aussehen. Drum trage ich auch die Kieferregulierung nicht, obwohl sie fünftausend Schilling gekostet hat. Weil es bei mir auf die Hasenzähne schon nicht mehr ankommt. Bisher war ich immer ein guter Schüler. Aber jetzt haben wir den Haslinger als Klassenlehrer bekommen, und der kann mich nicht leiden. Der haut mir in Mathematik und in Geographie einen Fünfer nach dem anderen hin. Am liebsten gehe ich schwimmen. Ich bin beim Schwimmverein. Wenn ich mich anstrenge, sagt der Trainer, kann ich in zwei Jahren Landes-Jugendmeister im Rückenkraulen werden.

Wir haben ein Haus gekauft, mit einem Garten. Seit drei

Jahren wohnen wir da. Bis der Papa die Schulden für das Haus abgezahlt hat, ist er steinalt, hat die Mama gesagt. Darum müssen wir sparen, und der Opa kauft uns von seiner Pension die Schuhe und die Hosen und die Kleider für Martina. Das ist sehr angenehm, dem Opa ist es nämlich ganz gleich, ob ein Ruderleibchen rot-blau-weiß gestreift ist oder ob vorn der Cassius Clay draufgedruckt ist. Und Hosen, um drei Nummern zu groß zum Hineinwachsen, kauft er auch nicht. Vorigen Sommer hat er für Martina einen Bikini gekauft, aus Spitzenmuster. Der war angeblich viel zu durchsichtig. Papa war wütend darüber. Er hat geschrien: «Da kann meine Tochter ja gleich nackt herumlaufen!» Und der Opa hat gekichert und gesagt: «Endlich hat mein Sohn mal einen vernünftigen Einfall!» Papa hat sich furchtbar geärgert, aber er hat nichts drauf gesagt, weil er vor uns nicht mit dem Opa streiten will. Er ist zur Mama in die Küche gegangen und hat geschimpft, aber die Mama hat gesagt, alle Mädchen haben jetzt solche Bikinis. Jetzt habe ich aber genug von uns erzählt. Ich glaube, ich kann wieder beim Ostersonntag anfangen.

Also damals, voriges Jahr, am Ostersonntag beim Frühstück, da ist die Mama aus der Küche hereingekommen und hat überall gezittert. Sie hat so stark gezittert, dass die Martina aus lauter Schreck über das Zittern ein Osterei in die Kaffeetasse hat fallen lassen.

Der Opa hat gefragt: «Schwiegermädchen, was ist dir?» (Der Opa sagt zur Mama immer «Schwiegermädchen».)

Dann hat es wieder gebumst, und der Papa hat gerufen: «Niki, hör sofort auf!»

Immer, wenn es wo kracht oder hämmert, sagt der Papa: «Niki, hör sofort auf!» Meistens hat er ja dabei Recht, aber diesmal war es nicht der Niki, sondern das Geräusch kam wieder aus der Küche. Niki hat zu heulen angefangen, dass er es gar nicht war, und Martina hat das Ei aus dem Kaffee gefischt, und die Mama hat noch immer gezittert und gesagt: «In der Küche, in der Küche …» Wir haben alle gefragt, was in der Küche ist. Aber die Mama hat es nicht sagen können. Da ist der Opa aufgestanden und zur Küchentür gegangen. Martina und Nik und ich auch. Ich habe mir gedacht, dass es vielleicht ein Wasserrohrbruch ist oder eine Maus hinter dem Gasherd oder eine sehr große Spinne. Davor fürchtet sich Mama nämlich. Aber es war kein Rohrbruch und keine Maus und keine Spinne, und wir haben alle ungeheuer blöd geglotzt. Auch Papa, der uns nachgekommen war.

Auf dem Küchentisch hat nämlich einer gesessen, der war ungefähr einen halben Meter groß. Wenn er nicht Augen und eine Nase und einen Mund und Arme und Beine gehabt hätte, hätte man ihn für eine große, dicke Gurke oder einen mittleren, dünnen Kürbis halten können. Auf dem Kopf hat er eine Krone gehabt. Eine goldene Krone mit roten Edelsteinen in den Kronenzacken. Seine Hände steckten in weißen Zwirnhandschuhen, und die Zehennägel hatte er rot lackiert.

Das Kürbis-Gurken-Kronen-Ding verneigte sich vor uns, schlug die dünnen Beinchen übereinander und sprach mit tiefer Stimme: «Wir heißt Königs Kumi-Ori das Zweit, aus das Geschlecht die Treppeliden!»

Ich kann nicht ganz genau aufschreiben, was dann geschehen ist, weil ich nicht aufgepasst habe, was die anderen tun. So sehr erschrocken war ich über den Gurkenkürbis. Ich habe nicht gedacht: Das gibt es doch gar nicht! Ich habe auch nicht gedacht: Der schaut aber komisch aus! Ich habe gar nichts gedacht. Überhaupt nichts. Der Huber Jo, mein Freund, sagt in so einem Fall: «Dem ist das Hirn still gestanden!»

Ich kann mich nur mehr daran erinnern, dass der Papa dreimal «nein» gesagt hat. Das erste Mal ganz laut. Das zweite Mal normal, und das dritte Mal ganz leise. Papa sagt ja immer, wenn ich nein sage, dann *ist* es nein. Aber diesmal hat ihm sein Nein gar nichts genützt. Der Gurkenkürbis ist auf dem Küchentisch sitzen geblieben. Er hat die Händchen über dem Gurkenbauch gefaltet und wiederholt: «Wir heißt Königs Kumi-Ori das Zweit, aus das Geschlecht die Treppeliden!»

Jedenfalls hat der Opa als Erster mit dem Glotzen aufgehört. Er ist zum Kumi-Ori-König hingegangen und hat sich verbeugt und hat gesagt: «Sehr erfreut, Ihre Bekanntschaft zu machen. Mein Name ist Hogelmann. Ich bin hier im Haus der Opa!»

Der Kumi-Ori hat seinen rechten Arm vorgestreckt und

dem Opa unter die Nase gehalten. Der Opa hat auf die Zwirnhandschuhhand geschaut, aber er hat nicht kapiert, was der Kumi-Ori will.

Die Mama hat gemeint, er hat vielleicht eine wehe Hand und braucht einen Umschlag. Die Mama glaubt immer, dass irgendwer einen Umschlag braucht oder ein Pulver oder einen Brustwickel.

Der Kumi-Ori hat aber keinen Umschlag gewollt, und seine Hand war ganz gesund. Er hat dem Opa mit den Zwirnhandschuhfingern unter der Nase herumgefuchtelt und hat gesagt: «Wir ist gewohnt, dass uns jedliches küssen den Hand!»

Der Opa hat gesagt, er wird dem Kumi-Ori auf gar keinen Fall die Hand küssen, weil er das höchstens bei einer sehr hübschen Dame tut und der Kumi-Ori keine hübsche Dame ist.

Der Kumi-Ori hat auf der grünen Gurkenhaut kürbisgelbe Tupfen bekommen und hat wütend gekreischt: «Wir wird mit Majestät angereden!»

Der Opa hat den Gurkenkönig so angeschaut, wie er immer die Leute anschaut, die er nicht leiden kann. Da hat der Gurkenkönig aufgehört, herumzufuchteln. Er hat seine Zackenkrone zurechtgerückt und gesagt: «Wir ist vertrieben sein von aufständiges Untertanen. Wir bittet vorübergehend um die Asyl!»

Und dann hat er noch gesagt: «Wir ist sehr müde von das viel Aufgeregung!»

Dann hat er gegähnt, und dann hat er die roten Knopf-augen geschlossen, und dann hat er mit dem Kopf gewackelt, so wie der Opa, bevor er beim Fernsehen einschläft. Dabei hat er gemurmelt: «Wir mögen zugedeckt und die Polster!»

Niki ist in sein Zimmer gelaufen und mit dem alten Korbpuppenwagen angebraust gekommen. Martina hat den ganzen Kram, der nicht hineingehört, aus dem Puppenwagen geräumt. Ein vertrocknetes Butterbrot, drei Match-Beutel, eine verschimmelte Essiggurke und einen Socken vom Nik.

Und Gott sei Dank auch meinen Schülerausweis, den ich seit drei Wochen wie eine Stecknadel gesucht habe. Die Zwetschgenkerne hat sie im Wagen gelassen. Ich habe den Kumi-Ori-König gehalten, weil der schon eingeschlafen war und sonst vom Tisch gefallen wäre. Er hat sich komisch angefühlt – wie roher Hefeteig in einem Plastiksack. Mir hat gegraust. Ich habe den schlafenden Kumi-Ori in den Puppenwagen gelegt, und die Mama hat ihn mit einem Geschirrtuch zugedeckt. Die Krone mit den Edelsteinen hat die Mama übrigens in den Eiskasten ins Tiefkühlfach gelegt. Und wir haben uns nicht einmal darüber gewundert. Daran sieht man, wie verwirrt wir alle waren.

Nur der Nik war nicht verwirrt. Aber der wundert sich nie. Er behauptet ja auch, dass unter seinem Bett sechs Löwen, ein Elefant und zehn Heinzelzwerge wohnen. Wenn einer

Heinzelzwerge unter dem Bett hat, kann ihn ein Kumi-Ori natürlich nicht verwirren.

Nik hat den Puppenwagen in die Veranda geschoben und sich daneben gesetzt und dem Kürbismann «Schlaf, Kindlein, schlaf, dein Vater war ein Graf» vorgesungen.

König Kumi-Ori der Zweite hat den ganzen Ostersonntag lang geschlafen. Er hat ruhig und gleichmäßig geschnarcht. Papa hat bei der Zeitung angerufen, die er immer liest. Aber dort war kein Redakteur, weil Ostern war. Nur der Portier war dort. Der hat gelacht und hat gesagt, der Papa soll sich diese Geschichte bis zum nächsten ersten April aufheben.

Der Papa hat gebrüllt: «Das ist eine bodenlose Frechheit, und die wird Sie teuer zu stehen kommen!»

Er hat den Hörer auf die Gabel geschmissen. Dann hat er gesagt, jetzt wird er den Chefredakteur zu Hause anrufen, weil man am besten gleich immer mit den Oberen redet und nicht mit den Unteren.

Ich habe ihm die Zeitung holen müssen, und Martina hat nachschauen müssen, ob man Doukoupil wirklich mit zwei «ou» schreibt. So heißt der Chefredakteur nämlich.

Dann hat der Papa im Telefonbuch nachgeschlagen, aber da waren zehn Josef Doukoupils. Bei einem stand *Schneidermeister*, bei einem *Export*, bei einem *Friseur* und bei einem *Dr. med.* Zwei Doukoupils haben in Simmering gewohnt, und der Papa hat gesagt, die können es nicht sein, weil in Simmering nur Proleten wohnen. Die anderen vier Nummern hat der Papa angerufen. Zweimal hat sich niemand gemeldet. Dann hat sich eine Frau gemeldet, die hat gesagt, der Josef Doukoupil ist ihr Sohn, und er ist angeln gefahren, und sie hätte wirklich nichts dagegen, wenn er Chefredakteur wäre, aber leider ist er Pianist in der Chatnoir-Bar. Der letzte Doukoupil war der Richtige, und zu Hause war er auch. Der Papa hat ihm alles vom Kumi-Ori erzählt und gesagt, er soll sofort einen Reporter und einen Fotografen herschicken, dann hat er eine Sensation. Aber der Chefredakteur hat ihm genauso wenig geglaubt wie vorher der Portier. Der Papa ist zornweiß im Gesicht geworden und hat aufgelegt.

«Was hat er denn gesagt?», hat der Opa gefragt, und dabei hat er gegrinst.

Der Papa hat gesagt, dass er das vor uns Kindern nicht wiederholen kann, weil es so furchtbar ordinär war. Wir haben es aber sowieso schon gehört gehabt, denn der Chefredakteur hat sehr laut geschrien.

Der Opa hat empört getan und gemeint, er kann gar nicht glauben, dass so ein hochfeiner Herr von so einer hochfeinen Zeitung etwas so Hochordinäres sagen kann. Aber er war nicht wirklich empört. Er wollte nur den Papa ärgern. Sie streiten immer wegen der Zeitungen. Der Papa liest eine, die dem Opa nicht gefällt, und der Opa liest eine, die der Papa nicht leiden kann.

Die Mama wollte dann die Zeitung vom Opa anrufen,

aber da war der Papa dagegen und der Opa auch. Der Opa hat gesagt, bei seiner Zeitung haben sie was Wichtigeres zu tun, als über vertriebene Gurken zu schreiben.

Vor lauter Aufregung hat die Mama den Schweinsbraten vergessen. Sie hat das Backrohr nicht angezündet, und zu Mittag war der Schweinsbraten noch roh und kalt. Wir haben Wurstbrot gegessen und den Kartoffelsalat von gestern.

Papa hat fünf Fotoapparate. Die sind sein Hobby. Sein neuester ist einer, wo man eine halbe Minute später das fertige, farbige Bild herausziehen kann. Mit diesem Fotoapparat ist der Papa in die Veranda geschlichen und hat den König Kumi-Ori geknipst. Er wollte dem Chefredakteur ein Bild vom Kumi-Ori schicken. Aber auf dem Foto war nachher kein Kumi-Ori drauf. Nur ein leerer Puppenwagen und ein Tischbein vom Verandatisch. Papa hat es noch einmal probiert und noch einmal. Immer war ein leerer Puppenwagen auf dem Foto. Er hat die Leica geholt und die Rollei-Flex und die japanische Kamera und hat den schlafenden Kumi-Ori wie wild abfotografiert. Mit Blitzlicht und ohne. Schwarzweiß und auf Farbfilm. Auf 9-mm-Film und auf 23-mm-Film. Dann hat er in der Waschküche die Filme entwickelt und Kontaktkopien gemacht und Vergrößerungen. So groß er auch vergrößert hat, es war kein Kumi-Ori zu sehen.

Am Abend hat der Papa einen Waschkorb voll Bilder gehabt, mit lauter leeren Puppenwagen und Tischbeinen.

Der Opa hat gesagt, dass der Kumi-Ori eben unfotografierbar ist, und die Mama hat gemeint: «Dann brauchen wir auch gar nicht mehr bei einer Zeitung oder beim Fernsehen anzurufen. Wenn man kein Foto von einer Sensation bringen kann, dann ist sie für die Allgemeinheit uninteressant.»

Zweites Kapitel oder Nr. 2
der Deutschlehrergliederung.

*Man merkt, wozu Königskronen gut sind. Man
merkt, dass Keller nicht nur zum Einlagern
von Kartoffeln da sind. Und man merkt, dass
unsere Familie wieder einmal nicht derselben
Meinung sein kann.*

Beim Nachtmahl hat der Kumi-Ori noch immer geschlafen. Wir haben uns dann den Fernsehkrimi angeschaut.
Unser schlafender Gast im Puppenwagen hat den Papa so
verwirrt, dass er vergessen hat, uns den Krimi zu verbieten.

Der Kriminalinspektor hat gerade ein Kanalgitter hochgehoben, damit er in den Kanal steigen und die Gauner verfolgen kann, da hat der Puppenwagen auf der Veranda zu wackeln angefangen. Der Gurkenkönig ist aufgewacht. Niki hat ihn ins Wohnzimmer geschoben. Der Opa hat den Fernsehkrimi abgedreht.

Der Kumi-Ori hat geschrien: «Wo sind unsere Krone! Wir braucht das Krone!» Er hat sich ganz entsetzt an den Kopf gegriffen.

Zuerst haben wir uns nicht mehr daran erinnert, wo die Krone ist. Dann ist dem Niki eingefallen, dass die Mama die Krone aus lauter Verwirrung ins Tiefkühlfach gelegt hat. Der Niki hat die Krone geholt. Aber die Krone war eiskalt. Der Kumi-Ori hat laut geschrien, als ihm die Martina die Krone aufgesetzt hat. Papa hat dann die Krone mit seinem Feuerzeug angewärmt. Da war sie wieder zu heiß.

Die ganze Zeit über hat der Gurkenkönig gejammert, dass er sofort die Krone braucht, weil er ohne Krone ganz nackt ist und nicht denken kann und leben auch nicht. Endlich war die Krone richtig lauwarm für den königlichen Gurkenschädel. Der Kumi-Ori hat sie aufgesetzt und ist auf Papas Fernsehstuhl geklettert. Er hat die Beinchen übereinander geschlagen, die Händchen auf dem Bauch gefaltet und sich beim Papa erkundigt: «Sind er sehr erstaunlich? Soll wir erzählt, wer wir ist, und was wir hier willen?»

Der Papa hat genickt.

Martina hat gefragt: «Warum sagt er denn dauernd ‹wir›? Er ist doch ganz alleine da!»

Papa hat gesagt, das ist der Pluralis Majestatis, aber Martina hat das nicht verstanden.

Mama hat ihr erklärt: «Ein König ist eben mehr als gewöhnliche Leute. Darum sagt er statt ‹ich› ‹wir›. Und man sagt zu ihm statt ‹du› ‹ihr›, und er sagt zu den gewöhnlichen Leuten statt ‹du› ‹er›!»

Martina hat es noch immer nicht verstanden und ich auch nicht. Da hat uns der Opa zugeflüstert: «Er redet so, weil er blöd ist!»

Das hat Martina verstanden. Und ich auch.

Der Kumi-Ori hat sich geräuspert und hat zu erzählen angefangen. Das Erzählen hat lange gedauert, weil der Kumi-Ori so eine sonderbare Art zu reden hat. Er ist schlecht zu verstehen. Und natürlich haben wir auch eine Menge Fragen gehabt. Aber dann, um Mitternacht, war alles ziemlich klar.

Also: Der König Kumi-Ori der Zweite ist aus unserem Keller gekommen, aus dem unteren Keller. Wir haben zwei Keller. Im oberen haben wir die Kartoffeln eingelagert und die Winterbirnen und die Marmeladengläser, und Niks altes Dreirad steht auch dort. Dann sind dort die Stellagen mit Opas Werkzeug und die Tür zum unteren Keller natürlich. Hinter der Tür geht eine steile Stiege in den unteren Keller. Papa hat uns streng verboten, diese

Treppe zu benutzen. Dabei ist sie gar nicht gefährlich. Nur etwas feucht und rutschig. Aber wie Papa das Haus besichtigte, bevor er es gekauft hat, ist er auf dieser Stiege ausgerutscht und hat sich den Knöchel verstaucht. Und weil er sich den Knöchel verstaucht hat, dürfen wir nicht in den unteren Keller. Sonst hätten wir wahrscheinlich schon viel früher gemerkt, dass dort Kumi-Oris sind.

Im unteren Keller wohnte also der König Kumi-Ori mit seinen Kellerlingen und seinen Kellerschranzen und seinen Untertanen, die jetzt nicht mehr seine Untertanen sein wollen. Der Gurkenkönig hat uns erzählt, dass er und die Kellerlinge und die Kellerschranzen unentwegt ganz lieb und gut und freundlich zu den Untertanen gewesen sind. Aber die Untertanen sind ganz undankbar gewesen und haben einen Aufstand gemacht. Die Kellerlinge und die Kellerschranzen sind geflohen. Vor lauter Schreck sind sie so schnell geflohen, dass sie den Kumi-Ori den Zweiten nicht mitgenommen haben. Und Schuld an dem ganzen Aufstand sei ein böser Kellerling, der war schon immer so komisch. Der hat die Untertanen aufgehetzt. Und der Kumi-Ori, verlassen von allen, hat nun in unserer Küche Asyl gesucht.

Und dann hat der Kumi-Ori noch gesagt, dass man ihn sicher schon diese Woche zurückholen wird, weil die Untertanen ohne ihn nicht auskommen können.

«Warum können denn die Untertanen ohne Majestät nicht auskommen?», hat der Opa gefragt.

«Weil sie nichts weiß und dumm sein und jemandes braucht, der sie sagen, was tun sollt!», hat der Gurkenkönig erklärt.

«So, so», hat der Opa gesagt, «dumm sind sie! Und warum sind sie denn dumm?»

Der Kumi-Ori hat mit den Gurkenschultern gezuckt.

«Dann werde ich euch, liebe, durchlauchtigste Majestät, einmal erklären, warum ihre Untertanen dumm sind!», hat der Opa gebrüllt und sich im Sessel vorgebeugt.

«Vater, ich bitte dich», hat der Papa geschrien, «das ist doch völlig uninteressant! Fang nicht schon wieder mit deiner ewigen Leier an!»

Und die Mama hat gesagt, der Opa soll sich nicht aufregen wegen der Politik, weil das seinem Herzen schadet.

Dann hat der Kumi-Ori erzählt, dass in allen alten Häusern mit alten Kellern Gurkenkürbismenschen wohnen, und alle haben einen Gurkenkürbiskönig. In großen, alten Palästen wohnen sogar Gurkenkaiser. In letzter Zeit aber, hat er gesagt, kommt es hin und wieder vor, dass die Untertanen aufrührerisch werden und einen Putsch machen.

Der Opa hat gesagt, das heißt nicht Putsch, sondern Revolution.

«Nein», hat der Kumi-Ori gesagt, «nein! Sie machen Putsch! Putsch! Putsch!»

«Revolution», hat der Opa gebrüllt. Und «Putsch! Putsch! Putsch!», hat der Kumi-Ori geschrien.

«Verdammt nochmal», hat der Papa gesagt, «das ist doch das Gleiche.»

Martina hat gesagt: «Wenn einer mit Soldaten kommt und das Parlament zusperrt und die Leute, die ihn nicht mögen, einsperrt und die Zeitungen nicht schreiben dürfen, was sie wollen, dann ist das ein Putsch. Wenn aber die Untertanen den König hinausschmeißen und das Parlament aufsperren und Wahlen ausschreiben und Zeitungen machen, wo jeder schreiben kann, was er will, dann ist das eine Revolution!»

Papa hat gefragt, woher sie so einen Blödsinn hat. Martina hat gesagt, das ist kein Blödsinn. Wenn sie das bei der letzten Geschichtsprüfung schon gewusst hätte, hätte sie keinen Zweier, sondern einen Einser bekommen. Der Papa hat gesagt, er wird bei Gelegenheit dem neuen Geschichtslehrer die Meinung sagen. Der Kumi-Ori hat ihm Recht gegeben.

Um Mitternacht dann hat der Kumi-Ori gesagt, er ist schon wieder müde, aber er kann auf gar keinen Fall allein in einem Zimmer schlafen, falls ihn die Untertanen verfolgen und aufspüren. Und im Puppenwagen kann er auch nicht schlafen, weil das kracht und knackst. Da könnte er aufwachen und sich fürchten.

Er hat gesagt: «Wir wird schlafen in eines Bett mit eines von sie!»

«Bei mir nicht!», habe ich gerufen, weil ich mich daran erinnert habe, wie sich der Gurkenkönig anfühlt, und ich

mag nicht mit einem rohen Hefeteig zusammen im Bett
liegen.

Da hat der Papa gesagt, dass der Kumi-Ori bei ihm schlafen kann. Das war schon sonderbar. Aber noch sonderbarer war, wie er es gesagt hat. Er hat nämlich gesagt: «Ihre
Majestät können ruhig in meinem Bett ruhen. Ich werde
den Schlaf Ihro Majestät bewachen!»

Dabei hat er kein bisschen gelacht. Ich habe gemerkt, dass
er mit dem Gurkenmenschen keinen Spaß macht.

Drittes Kapitel oder Nr. 3
der Deutschlehrergliederung.

Ich erzähle, was ich in Papas Zimmer sah. Der Papa will etwas zum Frühstück, was kein Mensch essen kann. Und wie plötzlich eine Tradition zerbricht.

Am Ostermontag bin ich zeitig aufgewacht. Nik hat noch geschlafen. Ich habe an Mamas und an Martinas Zimmertür gehorcht, da hat sich auch nichts gerührt. Aber aus Papas Zimmer hat es laut und zweistimmig geschnarcht. Ich habe vorsichtig die Tür aufgemacht. Im Bett schliefen,

Wange an Wange, der Papa und der Gurkenkönig. Die Zackenkrone lag auf der Bettdecke, und der Papa und der Kumi-Ori hatten jeder eine Hand fest auf der Krone liegen. Ich habe die Tür leise zugemacht und bin in die Küche gegangen.

In der Küche war der Opa. Er hat einen Becher Milch getrunken und die Brösel vom Marmorkuchen gegessen, die auf dem Kuchenteller lagen.

Ich habe zum Opa gesagt: «Der Papa und der Gurkinger, die liegen zusammen im Bett wie, wie ...» Mir ist nicht eingefallen, wie.

Der Opa hat sich erkundigt: «Wie ein Liebespaar vielleicht?»

Ich habe genickt, und der Opa hat geseufzt.

Ich habe mir auch einen Becher Milch genommen, und der Opa hat mit mir die Marmorkuchenbrösel geteilt. Er hat die braunen gegessen und ich die gelben. Wir haben beide auf den Kuchenteller gestarrt und Brösel aufgepickt, und hin und wieder hat der Opa gemurmelt: «Na schön, na schön!»

Aber das heißt beim Opa nicht, dass er etwas schön findet, sondern genau das Gegenteil.

«Kannst du ihn leiden?», habe ich den Opa gefragt.

«Wen denn?», hat der Opa gefragt, aber er hat genau gewusst, wen ich meine.

«Na, den durchlauchtigsten Gurkenschädel, meine ich», habe ich geantwortet.

Der Opa hat «nein» gesagt.

Dann ist die Mama in die Küche gekommen. Die Haare hat sie auf Lockenwickler gedreht gehabt, und quer über die Wange hat sie eine dicke, rote Narbe gehabt. Das war aber keine echte Narbe, sondern der Abdruck von einem Lockenwickler. Wahrscheinlich hat sie die ganze Nacht auf einem Lockenwickler gelegen. Die Mama hat mit der einen Hand die Narbe gerieben, und mit der anderen Hand hat sie Kaffee in den Filter getan.

Dass wir die Mama nicht gegrüßt haben und sie uns auch nicht, das ist immer so. Die Mama darf man erst anreden, wenn sie Kaffee getrunken hat. Vorher redet sie auch selber kein Wort.

Die Mama hat den Kaffee fertig gehabt und den ersten Schluck getrunken. Sie hat «guten Ostersonntagmorgen» gesagt, dabei hat sie sich noch immer die Narbe gerieben. Dann hat sie gemurmelt: «Ich hab heute was unerhört Saublödes geträumt!»

Ich habe zu ihr gesagt: «Wenn du von einem Gurkinger mit Krone geträumt hast, dann hast du gar nicht geträumt!»

«Schade», hat die Mama gesagt. Sie hat in ihrer Kaffeetasse herumgerührt, obwohl sie den Kaffee immer ohne Milch und Zucker trinkt und gar nichts zum Umrühren war. Wir haben lange so gesessen. Die Mama hat gerührt, und der Opa und ich haben gepickt.

Dann ist der Nik gekommen, und weil die Mama in der

Früh so langsam denkt und schaut, hat sie viel zu spät bemerkt, dass sich der Nik ein Erdbeereis aus dem Tiefkühlfach geholt hat. Die Mama hat mit dem Eis essenden Nik furchtbar geschimpft, und der Nik hat geheult und geschrien, dass Ostern ist und wozu denn dann Ostern ist, wenn man nicht einmal ein Eis haben kann.

Da ist die Martina aufgetaucht und hat sich beschwert, dass man bei so einem Gebrüll um den Morgenschlaf kommt. Sie hat dem Nik seinen Eisbecher genommen und das Eis in ein Bierglas getan und Sodawasser daraufgespritzt und gesagt, jetzt ist es eine Ice-Cream-Soda und ein sehr gutes Kinderfrühstück und er soll gefälligst mit dem Geschrei aufhören.

Aber die Mama hat die Ice-Cream-Soda in den Ausguss geschüttet und geschrien, wenn wir glauben, dass wir tun können, was wir wollen, dann haben wir uns sehr geirrt. Mama hat sich wieder beruhigt, und Nik hat Kakao bekommen, und Martina hat sich Blutreinigungstee gekocht. Ich habe aus dem Fenster geschaut.

Der Himmel war blau, mit einer einzigen weißen Wolke. Auf der Gasse, vor unserer Gartentür, stand der Herr Hawlica und hat gepfiffen. Der Hawlica steht jeden Tag um acht Uhr vor unserem Haus und pfeift seinem Hund. Um viertel neun kommt dann der Hund, und der Hawlica hört zu pfeifen auf.

Als der Hund gekommen ist, habe ich mir gedacht: Jetzt ist es viertel neun, und blau ist der Himmel auch, da ist es

Zeit, dass wir uns anziehen. Denn um neun Uhr beginnt bei uns jedes Jahr der Ostermontagausflug. Das ist Tradition, hat der Papa gesagt. Wir müssen immer alle mitfahren, sogar wenn wir Schnupfen haben, und wir haben uns eigentlich schon abgewöhnt, nicht mitfahren zu wollen, weil es uns sowieso nichts nützt. Der Papa wird nämlich ganz wild, wenn einer von uns nicht mitwill, weil wir dann gegen die Tradition verstoßen. Die Mama und die Martina müssen zum Ausflug ein Dirndl anziehen und der Nik und ich die Lederhosen. Gerade, als ich mir das gedacht habe, ist der Papa in die Küche gekommen. Er hat «guten Morgen» gesagt und den Schrank unter dem Ausguss aufgemacht, wo wir die Zwiebeln und die Kartoffeln drinhaben. Er hat den Kartoffelkorb herausgenommen und mit den Händen in den Kartoffeln gegraben.

«Was suchst du denn?», hat die Mama gefragt.

«Eine ausgewachsene Kartoffel!», hat der Papa geantwortet.

«Eine was?», hat die Mama gefragt. Sie hat dabei ganz erschrocken geschaut.

Der Papa hat gesagt, er sucht eine Kartoffel mit einem Trieb dran; eine ausgewachsene Kartoffel eben.

Die Mama hat gesagt, wir haben nur erstklassige, frische Kartoffeln. Aber der Papa hat weitergesucht.

Die Mama wollte wissen, wozu der Papa eine ausgewachsene Kartoffel braucht, und der Papa hat erklärt, er braucht sie zum Frühstück.

«Du willst eine Kartoffel mit Trieb zum Frühstück essen?», hat der Nik gerufen und war ganz begeistert.

«Ich doch nicht», hat der Papa gesagt, «der König Kumi-Ori will eine!»

Der Niki ist zur Küchenkredenz gelaufen und hat sich auf den Bauch gelegt und unter der Kredenz sechs Kartoffeln mit ganz langen Trieben herausgefischt.

Er hat gesagt: «Die liegen seit Weihnachten da! Sind die richtig?»

Der Papa hat gesagt, dass sie genau richtig sind, dass es aber eine große Sauerei ist, wenn die Kartoffeln seit Weihnachten unter einem Möbelstück liegen, weil man daran sieht, wie wenig bei uns sauber gemacht wird. Dann hat er noch gesagt, wir sollen uns beeilen und die Regenmäntel nicht vergessen, und Mama soll die alte Decke einpacken, und Opa soll die Kühltasche anfüllen, und Martina soll das Federballspiel in den Kofferraum tun, und ich soll die Heckscheibe vom Auto putzen, und Nik soll die Türschnallen vom Auto polieren, und die Mama soll um Himmels willen nicht wieder das scharfe Messer vergessen und die Papierservietten auch nicht.

«Was wird denn der Gurkenkönig machen, wenn wir fortfahren?», hat der Nik gefragt.

Der Papa hat erklärt, dass wir den Gurkinger mitnehmen und dass er auf meinem Schoß sitzen wird. Da habe ich ganz laut «nein» geschrien und dann noch einmal «nein».

«Dann wird er eben auf dem Schoß von Nik sitzen!», hat

der Papa bestimmt. Der Nik hat nichts dagegen gehabt. Aber die Mama hat erklärt, dass der Nik ja auf ihrem Schoß sitzen muss und dass sie etwas dagegen hat, wenn da auch noch der Gurkinger draufsitzt, weil sie nicht der unterste Teil von den Bremer Stadtmusikanten ist.

Der Papa hat die Martina fragend angeschaut. Die Martina hat den Kopf geschüttelt. Der Opa hat auch gleich den Kopf geschüttelt. Der Papa hat zu schreien angefangen. Einer von uns muss den Kumi-Ori nehmen, hat er gebrüllt. Er kann ihn nicht nehmen, weil er chauffieren muss.

«Er ist mir unsympathisch», hat der Opa gemurmelt.

«Er fühlt sich an wie Hefeteig!», habe ich gesagt.

«Ich habe den Nik auf dem Schoß! Das reicht mir!», hat die Mama gemeint.

«Mir graust vor ihm», hat die Martina gerufen.

Der Papa hat weitergebrüllt, wir sind undankbar und unverschämt. Er ist zwischen der Küche und dem Badezimmer hin und her gerannt und hat sich dabei gewaschen und rasiert und angezogen. Als er fertig angezogen war, hat er sich drohend vor uns aufgestellt. Er hat gefragt: «Also, wer nimmt den König auf den Schoß?»

Opa, Mama, Martina und ich haben die Köpfe geschüttelt. Das war das erste Mal überhaupt, dass keiner von uns Papas Befehl gehorcht hat. Wir waren selber erstaunt darüber, aber der Papa war noch erstaunter. Darum hat er noch zweimal gefragt. Genützt hat es ihm nichts.

Da ist der Papa wutweiß in sein Zimmer gerannt. Er hat den Kumi-Ori geholt. Er hat ihn in die Garage getragen und hinten ins Auto hineingesetzt. Zum Nik hat er gesagt: «Komm, Nik, wir fahren alleine!» Uns hat er absichtlich nicht einmal angeschaut.

Er ist mit so einer Wucht aus der Garage gefahren, dass er mit dem linken Vorderrad in die Rosenbüsche gekommen ist und den Gartenzwerg mit dem Schubkarren umgefahren hat. Er ist zum Gartentor raus und in die Straße eingebogen, als ob er den Grand Prix von Monaco gewinnen wollte.

Die Kartoffeln mit den Trieben haben einsam auf dem Küchentisch gelegen. Die Mama hat sie dann in den Abfalleimer geschmissen und geflucht, dass wir mit ihr keine Solidarität haben und dass einem die eigenen Kinder in den Rücken fallen und die Kartoffeln unter der Kredenz hervorholen. Dann hat die Mama gesagt, sie macht sich einen guten Tag. Sie ist wieder schlafen gegangen.

Der Opa hat seinen Freund, den alten Berger, angerufen. Er hat sich mit dem Berger zum Frühschoppen und zum Kegeln verabredet.

Viertes Kapitel oder Nr. 4
der Deutschlehrergliederung.

Ein Ostermontag ohne Tradition. Die Fronten
verhärten sich. Nach einem lauten Streit gibt es
einen leisen Kompromiss.

Ich bin in den Schwimmverein gegangen. Die Mama hat
mir Geld gegeben, damit ich mir zum Mittagessen im Buffet vom Schwimmverein Würstchen mit Senf kaufen
kann.
Ich bin aber nicht ins Buffet gegangen. Der Huber Erich,
der auch im Schwimmverein war, hat mich nach Hause

mitgenommen zum Mittagessen. Er war nämlich ganz alleine zu Hause. Seine Eltern haben mit seiner kleinen Schwester einen Ostermontagsausflug gemacht. Doch der Erich braucht da nicht mitzufahren. Sein Vater hält nicht so viel von Tradition wie der unsere.

Beim Huber Erich zu Hause ist es überhaupt sehr viel anders als bei uns. Der Erich braucht nicht dauernd zu fragen, ob er in den Schwimmverein gehen darf, ob er ins Kino gehen darf, ob er einen Freund besuchen darf. Der Erich sagt, er kann so ziemlich tun, was er will. Aber der Erich sagt auch, dass das Nachteile hat, zumindest in seiner Familie. Seine Mutter nämlich, die tut auch, was sie will. Und manchmal will sie nicht kochen, und manchmal will sie keine Wäsche bügeln. Sie erklärt, der Erich wird sich schon nicht den Arm verstauchen, wenn er sich einmal ein Hemd selber bügeln muss.

Ich kann nicht beurteilen, ob man sich beim Hemdenbügeln einen Arm verstaucht. Ich habe mir noch nie eines gebügelt. Ich habe ein Bügeleisen nicht einmal angefasst.

Auf alle Fälle ist es beim Erich ungeheuer lustig. Sein Zimmer ist ein Schlaraffenland von Schlamperei. Auf dem Fußboden liegen Bücher und Spielkarten und Unterhosen herum und dazwischen dem Erich seine Schulsachen. Und auf die eine Zimmerwand hat er mit Ölkreide ein Fresko gemalt. Und auf seiner Zimmertür steht mit großen Buchstaben: *Eintritt für Erwachsene verboten!*

Wir haben uns Spiegeleier auf Schinken gemacht. Nachher sind wir ins Kino gegangen, in «Spiel mir das Lied vom Tod». Und dann waren wir im «Gogo» auf eine Cola. Und geflippert haben wir auch.

Im «Gogo» hat die Martina mit dem Berger Alex gesessen, und eine Menge anderer Kinder aus unserer Schule waren auch da. Im «Gogo» sitzen immer viele aus unserer Schule. Erwachsene gehen dort gar nicht mehr hin, weil es so laut ist. Martina und ich waren aber zum ersten Mal dort. Papa hat nie erlaubt, dass wir ins «Gogo» gehen. Er hat gesagt, Kinder gehören nicht in die Wirtschaft. Aber zumindest Martina ist kein Kind mehr. Und das «Gogo» ist auch keine Wirtschaft. Alle trinken dort Cola. Doch Papa ist auch gegen Cola. Er behauptet, das frisst den Magen auf. Was er damit meint, weiß ich nicht genau. Jedenfalls will er, dass wir nur den selber gemachten Zwetschkensaft trinken. Aber unser Zwetschkensaft ist scheußlich, und Bauchweh bekommt man auch davon.

Martina und ich sind erst nach Hause gegangen, als es finster geworden ist. Martina hat mir erzählt, dass die Anni Westermann sie um den Berger Alex beneidet, und ich habe ihr erzählt, dass ich mich beim Kraulen um eine Zehntelsekunde verbessert habe. Dass sie sich unbedingt das «Lied vom Tod» anschauen muss, habe ich ihr auch gesagt. Wir haben uns so gut verstanden, dass ich ihr versprochen habe, ich borge ihr das Geld für das Kino.

Als wir nach Hause gekommen sind, war das Auto vom Papa schon in der Garage. Die Mama war in der Küche.

Sie hat Schnitzel geklopft. Sie hat auf die Schnitzel so wild draufgehauen, dass der ganze Küchentisch gewackelt hat. «Die hat einen Zorn auf uns, weil wir so spät kommen!», habe ich Martina zugeflüstert.

Aber das hat nicht gestimmt, sie hat ganz freundlich mit uns geredet. Sie muss doch auf jemand anderen einen Zorn gehabt haben.

Nik war in der Veranda, und der Opa war noch nicht zu Hause. Der Papa war in seinem Zimmer, und der Kumi-Ori-König hat im Wohnzimmer auf der Couch gelegen und hat sich im Fernsehen das Kasperl-Theater angeschaut.

Ich bin bei ihm vorbeigegangen. Er hat gesagt: «Bube, er mich lackier das Zehennägel!» Er hat auf seine Zehen gedeutet. Der rote Nagellack war auf einer großen Zehe abgesplittert.

Ich habe zum Kumi-Ori gesagt: «Wir ist nicht ihres Kammerdiener!», und bin weitergegangen. Ich bin in die Veranda und habe mich beim Nik erkundigt, wie der Ausflug war. Der Nik war sauer. Er hat mir erzählt, dass dem Kumi-Ori im Auto schlecht geworden ist, weil er das Fahren nicht verträgt. Auf der Wiese hat ihm die Sonne Kopfweh gemacht, und dann haben sie in einem Gasthaus zu Mittag essen wollen, aber der Wirt hat den Gurkinger nicht im Lokal geduldet, und da sind sie wieder gegangen.

«Du, Nik», habe ich gefragt, «weißt du vielleicht, was der Papa mit dem Gurkinger anfangen will?»

Der Nik hat geantwortet: «Der Papa wird ihn beschützen und ihm helfen, wieder König zu werden!»

«Total plemplem», habe ich gesagt, und dann: «Das glaubt er doch selber nicht, der Herr Papa!»

Der Nik war empört. Er hat geschrien: «Klar, wird der Papa das machen. Der Papa kann doch alles!»

«Dafür würde ich aus meiner Patschhand kein Grillstück machen!», habe ich ihm geantwortet.

Der Nik hat mich blöd angeschaut, weil er nicht gewusst hat, was ich meine. Kann er auch nicht, denn das ist der neueste Ausdruck für: die Hand ins Feuer legen. Und das hat erst vor einer Woche der Huber Erich erfunden.

Dann hat die Mama zum Abendessen gerufen. Der Papa ist aus seinem Zimmer gekommen. Er hat sich ein Schnitzel und drei Kartoffeln auf den Teller gelegt und ist damit wieder in sein Zimmer gegangen. Das tut er immer, wenn er böse auf uns ist. Der Kumi-Ori ist von der Couch geklettert und ist dem Papa nachgelaufen. Der Papa ist noch einmal aus dem Zimmer gekommen und in die Küche gegangen. Die Mama hat ihm nachgerufen: «Die ausgewachsenen Kartoffeln hab ich in den Mistkübel geschmissen!»

Der Papa ist eine Zeit lang in der Küche geblieben. Dann ist er verbittert mit den ausgewachsenen Kartoffeln in der Hand durch das Wohnzimmer gegangen.

Die Martina hat ihre Gabel fallen lassen vor Schreck. «Er hat doch tatsächlich in den Mistkübel hineingegriffen», hat sie gestöhnt.

«Wo ihm doch so vor dem Mistkübel graust!», hat der Niki gesagt. Und dann: «Da muss er den Gurkenkönig aber schon sehr lieb haben!»

«Für mich jedenfalls», hat die Mama geschnaubt, «hat er noch nie in den Mistkübel gegriffen!»

Am Abend, als wir schon im Bett waren, haben der Papa und die Mama sich gestritten. Sie haben sehr laut gestritten. Man hat in meinem Zimmer alles hören können. Martina und Nik sind zu mir ins Zimmer geschlichen, damit sie auch alles hören können.

Die Mama hat gesagt, der König Kumi-Ori muss weg. Wie, das ist ihr egal. Aber sie duldet ihn nicht im Haus.

Der Papa hat gesagt, er behält den König Kumi-Ori auf alle Fälle, und er verlangt, dass die Mama freundlich zu dem König ist und auch uns dazu anhält.

Die Mama hat gerufen, der Papa hat uns nie einen Hund oder eine Katze erlaubt, auch kein Meerschweinchen oder einen Goldfisch – obwohl Kinder Tiere brauchen. Und jetzt will er sich selber einen Gurkenkürbis halten!

Der Papa hat gerufen, das ist überhaupt kein Gurkenkürbis, sondern ein sehr armer König in Not!

Die Mama hat geschrien, sie pfeift aber auf sehr arme Könige in Not!

Der Papa hat geschrien, er unterstützt sehr arme Könige in Not, weil er ein mitleidiger Mensch mit Herz ist.

Die Mama hat gebrüllt, dass er gar kein mitleidiger Mensch mit Herz ist und dass sie darüber nur lachen kann.

Und dann hat sie lange und laut gelacht. Aber es hat nicht lustig geklungen.

Dann hat der Papa in das Lachen hineingebrüllt, sie kann das eben nicht verstehen. Gar nichts versteht sie und den Papa erst recht nicht und deshalb hat sie auch keine Ahnung, wie kolossal wichtig es sein kann, einen König Kumi-Ori im Haus zu haben.

Dann ist der Opa dazugekommen. Er hat den Papa und die Mama beruhigt. Der Papa und die Mama haben einen Kompromiss gemacht. Der war schlechter zu hören, weil sie nicht mehr so laut geredet haben. Wir haben nur die Hälfte verstanden, aber so viel war klar: Der Kumi-Ori bleibt in Papas Zimmer und kommt nicht heraus. Der Papa sorgt für ihn und kümmert sich um ihn. Und die ausgewachsenen Kartoffeln kauft er auch ein. Die Mama und wir, wir brauchen den Kumi-Ori also gar nicht zu sehen. Nur darüber, ob die Mama trotzdem das Zimmer vom Papa aufräumen muss, darüber waren sie sich nicht einig.

Bevor Martina in ihr Zimmer gegangen ist, hat sie zu mir gesagt: «Wenn der Gurkinger eine sensible Gurke wäre, würde er sich schon längst aus dem Staub gemacht haben. Er muss doch merken, dass es wegen ihm nur Streit gibt!» Der Nik hat das nicht verstehen können. «Ihr seid blöd», hat er gemeint, «der König ist doch ein gutes Spielzeug!»

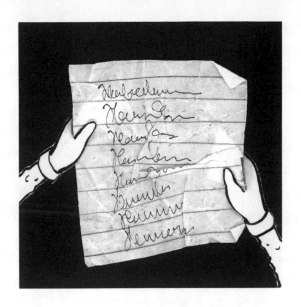

Fünftes Kapitel oder Nr. 5
der Deutschlehrergliederung.

Ich nehme mir vor, nicht mehr «der Papa» oder
«die Mama» oder «der Niki» zu schreiben, weil
ich in der Deutschstunde gelernt habe, dass das
Dialekt ist und unschön klingt. (Wahrscheinlich
kann ich es mir aber nicht abgewöhnen.) Dann
schreibe ich vom Verhängnis mit den Vaterunter-
schriften. Und wie ich nicht habe einschlafen
können. Und wie ich dann doch eingeschlafen
bin. Und wie mir ein Verdacht gekommen ist,
über den ich nicht länger nachdenken konnte.

Am nächsten Tag hatte ich keine Zeit, mich um den Gurkinger zu kümmern. Es war der letzte Osterferientag. Ich habe wahnsinnig viele Aufgabenrückstände gehabt, und ein Problem habe ich auch gehabt.

Das war so: Vor drei Wochen haben wir die letzte Mathe-Schularbeit zurückbekommen. Obwohl ich jedes Beispiel nur ein bisschen falsch gehabt habe, hat mir der Haslinger einen Fünfer gegeben. Darunter hat er geschrieben: Unterschrift des Vaters. Mit drei Rufzeichen dahinter.

Bei allen anderen genügt ihm auch eine Mutterunterschrift. Aber weil er mich nicht mag, schindet er mich dauernd mit der Vaterunterschrift.

Nun habe ich aber auf gar keinen Fall dem Papa den Mathe-Fünfer zeigen können. Der Papa hat mir schon beim letzten Fünfer eine runtergehauen, und er hat gesagt, wenn ich noch einen bekomme, dann darf ich nicht mehr in den Schwimmverein gehen, und Taschengeld gibt er mir auch keines mehr.

Darum habe ich zu Hause den Fünfer nicht hergezeigt und in der nächsten Mathestunde keine Vaterunterschrift gehabt. Der Haslinger hat mir als Strafe vier Staffelrechnungen gegeben – auch mit Vaterunterschrift. In der nächsten Mathestunde habe ich dem Haslinger die vier Staffeln und das Schularbeitsheft gegeben, aber weder die eine noch die andere Vaterunterschrift. Da hat der Haslinger die Strafe auf acht Staffeln erhöht. Auch mit Vaterunterschrift.

So ist das von Mathestunde zu Mathestunde mehr geworden. Und morgen hätte ich vierundsechzig Staffeln und sechs Vaterunterschriften gebraucht! Aber sechs Vaterunterschriften sind sechsmal so schwer zu bekommen wie eine, und jetzt konnte ich überhaupt nicht mehr zum Papa gehen. Seit dem Kumi-Ori-Streit.

Dem Opa und der Mama habe ich lieber auch nichts davon erzählt. Die hätten es wahrscheinlich dann doch dem Papa erzählt.

Der Huber Erich hat mir vorgeschlagen, Papas Unterschrift zu fälschen. So etwas geht leicht, hat er gemeint. Er macht das immer. Doch beim Erich ist das einfach. Der war schon seit der ersten Klasse ein schlechter Schüler. Der fälscht schon immer die Unterschriften. Die Lehrer kennen die echte Egon-Vaterunterschrift gar nicht.

Ich habe auf dem Notizblock die Unterschrift vom Papa ausprobiert. Aber Papa hat eine dicke, breite Unterschrift. Die kann keiner nachmachen!

Ich war richtig verzweifelt. Ich habe Löcher in die Wand gestarrt. Am liebsten hätte ich geheult. Und immer wieder habe ich daran denken müssen, wie ich vor zwei Wochen mit dem Schubert Michl nach Hause gegangen bin. Wir sind langsam dahingezockelt und haben auf die Schule und auf den Haslinger geschimpft. Da hat der Michl gefragt: «Glaubst, Wolfi, lässt dich der Haslinger nur in Mathe sausen oder auch in Geographie?»

Ich war mein Lebtag noch nicht so erschrocken wie damals. Dass ich sitzen bleiben könnte, Ehrenwort, daran hatte ich vorher noch nie gedacht. Das ist mir von alleine überhaupt nicht eingefallen. Und dabei war es sogar ziemlich wahrscheinlich. Ich habe meine Mathe-Schularbeitsnoten zusammengezählt: fünf, fünf, vier und vier, fünf, fünf und habe sie durch sechs dividiert. (So viel kann ich noch rechnen!) Vier Komma sechs periodisch ist herausgekommen! Und meine Geographieprüfungsnoten waren wahrscheinlich sogar vier Komma neun periodisch. Im Durchschnitt!

Der Michl hat mich damals zu trösten versucht. «Der Haslinger prüft ja noch zweimal», hat er gemeint. Und: «Wenn du in den letzten zwei Mathearbeiten einen Dreier schreibst, dann bist du fein heraus!»

Aber der Michl hat ja keine Ahnung! Ich! Ich einen Dreier beim Haslinger! Da stürzt eher die Welt ein.

Ich habe auf dem ganzen Heimweg kein Wort mehr gesagt. Ich habe auch nicht mehr gehört, was mir der Michl sonst noch Tröstliches gesagt hat. In meinem Hirn war nichts, außer: sitzen bleiben, sitzen bleiben, sitzen bleiben ... Und deswegen habe ich auch in den Osterferien nichts gelernt. Sooft ich meine Schultasche genommen habe und sie aufmachen wollte, da war mein Hirn wieder voll von: sitzen bleiben, sitzen bleiben, sitzen bleiben ...

Ich habe es wirklich jeden Tag versucht. Es war immer das Gleiche. Nichts wie «sitzen bleiben» habe ich denken können. Erst wenn ich die Schultasche wieder in die Ecke gefeuert habe, ist es besser geworden. Dann habe ich wieder etwas anderes denken können.

Aber jetzt war der letzte Ferientag, und irgendetwas hat geschehen müssen. Ich habe an meinem Schreibtisch gesessen, mit dem Notizblock voll schlechter Vaterunterschriften. Da ist Martina zu mir ins Zimmer gekommen. Sie wollte sich meinen neuen Bleistiftspitzer ausborgen, damit alle ihre Bleistifte einen edlen Spitz haben.

Martina mag solche Sachen. Sie hat immer ein idiotisch ordentliches Schulzeug: immer zwei Patronen in der Füllfeder, alle Hefte mit Umschlag, kein einziger Brösel und kein Kaugummi in der Schultasche. Nicht einmal auf ihre Dreiecke ist etwas draufgekritzelt. Und ihre Buntstifte sind immer gleich lang. Wie sie das macht, ist mir schleierhaft. Bei mir ist der rote Blei schon ein Stumpf, wenn der braune noch neu ist.

Martina ist also um den Bleistiftspitzer gekommen. Sie hat die Zettel mit den Vaterunterschriften gesehen, obwohl ich die Hand darüber gehalten habe. Und sie ist ja nicht blöd. Sie hat gleich gewusst, was los ist. Sie hat gesagt, das hat alles keinen Sinn. Da wird alles noch viel ärger.

«Kannst du dir vorstellen», habe ich sie gefragt, «dass ich heute Abend zum Papa gehe und ihm fünf Strafen und einen Fünfer unter die Nase halte?»

Martina hat es sich nicht vorstellen können. Sie hat auch ein paar Vaterunterschriften probiert. Die waren nicht besser als die meinen. Martina hat gemeint, ihr wird schon etwas einfallen, aber dazu braucht sie ein paar Tage Zeit. Ich soll den Haslinger vertrösten und sagen, dass mein Vater weggefahren ist und erst am Wochenende wiederkommt. Und wenn ich will, hat sie gesagt, geht sie zum Haslinger und bestätigt, dass Vater weggefahren ist.

Ich habe mir zwar nicht vorstellen können, dass der Haslinger das glaubt, aber leichter ist mir doch geworden. Besonders weil Martina gesagt hat, dass sie darauf achten wird, dass ich nicht sitzen bleibe. Sie wird mir helfen beim Lernen. Den Haslinger werden wir schon schaffen, hat sie gesagt.

Wir haben ein schweigsames Abendessen gehabt. Der Papa ist zwar zum Tisch gekommen, aber er hat nichts geredet. Da waren wir auch still. Nur der Nik hat gequatscht. Nach dem Essen hat der Papa die letzte ausgewachsene Kartoffel und einen angefaulten Knoblauch aus der Küche geholt und ist dann in sein Zimmer gegangen. Vorher hat er uns gefragt: «Habt ihr für morgen alle Schulsachen in Ordnung?»

Der Nik hat dem Papa ein Ostergedicht heruntergeratscht. Irgendwas mit Hase und Grase und schnuppernder Nase. Die Martina hat mich gestoßen. «Sag's ihm jetzt!», hat sie geflüstert.

Ich bin einen Schritt näher zum Papa hingegangen.

Papa hat in der einen Hand die Kartoffel und den Knoblauch gehalten, und mit der anderen Hand hat er lobend Niks Kopf getätschelt. Papa hat mich angeschaut. Zwischen seinem Blick und dem vom Haslinger war überhaupt kein Unterschied. «Brauchst du etwas von mir?», hat er gefragt.

Martina hat mir zugenickt. Doch ich habe den Kopf geschüttelt und bin in mein Zimmer gegangen.

«Feigling», hat mir Martina nachgezischt.

An diesem Abend war ich noch lange wach. Dabei war ich hundemüde. Ich habe es auf der rechten Seite und auf der linken Seite probiert. Und auf dem Rücken und auf dem Bauch auch. Nirgendwo habe ich einschlafen können. Ich habe die Rathausuhr Mitternacht schlagen hören. Ich habe mir vorgenommen, an etwas ganz Schönes zu denken, wie ich Jugendmeister im Rückenkraulen werde zum Beispiel. Ich habe mir vorgestellt, wie alle Leute jubeln und Papa auch mitjubelt. Doch dann ist der Haslinger aus einer Badekabine gekommen. Meine Staffeln und das Schularbeitsheft hat er in der Hand gehalten und damit herumgefuchtelt. Er hat sich durch die Jubelnden zum Papa durchgedrängt und ihn um die Vaterunterschriften gebeten. Da hat der Papa zu jubeln aufgehört. Ich habe daran gedacht, dass wir im Sommer vielleicht nach Italien fahren. Ich habe mir ausgemalt, wie ich in der Sonne liegen und Eis essen werde, aber plötzlich ist wieder der Haslinger dazwischengekommen. Er ist neben mir am Strand aufgetaucht und hat gerufen: «Hogelmann! Sie sollen nicht braun werden! Sitzenbleiber müssen bleich sein!»

Ich habe mich daran erinnert, wie schön es gestern im

«Gogo» war, aber da hat plötzlich der Gurkinger auf dem Flipperkasten gesessen und hat mir zugeflüstert: «Wir das sagt ihres Vaters, was nicht wollen so was Umtreiberei!»

Ich habe an die schönsten Sachen denken können, und etwas ganz Grausliches ist daraus geworden. Und dann habe ich Angst bekommen. Ich habe mir eingebildet, es knackt und knistert und raschelt in meinem Zimmer. Ich habe mich nicht getraut, die Nachttischlampe anzuknipsen und nachzuschauen. Meine Zehen haben unten unter der Bettdecke hervorgeschaut. Ich hätte sie gern hochgezogen. Ich wollte nicht, dass irgendetwas von mir ohne Bettdecke ist, aber ich habe mich nicht einmal getraut, eine Zehe zu bewegen. Ich habe ewig so dagelegen und habe es knacken und rascheln hören. Manchmal ist ein Auto auf der Straße vorbeigefahren, dann war ein schmaler Lichtstreifen an der Decke. Der ist von einer Zimmerwand zur anderen gewandert. Auch vor dem habe ich Angst gehabt.

Der Papa sagt, ein Junge in meinem Alter darf keine Angst mehr haben. Aber der Opa meint, nur ein Volltrottel hat überhaupt nie Angst. Die Mama hat vor Spinnen, Engerlingen, noch nicht bezahlten Rechnungen und elektrischen Drähten Angst. Wenn der Nik in der Nacht auf das Klo gehen muss, traut er sich nicht, die Spülung zu ziehen, weil er Angst vor dem Geräusch hat. Die Martina hat Angst, wenn sie am Abend durch die finstere Allee gehen muss und kein Erwachsener dabei ist. Und der Opa hat

Angst, dass er noch einen Schlaganfall bekommt und dann gar nicht mehr gehen oder reden kann oder tot ist.

Und der Papa hat auch Angst. Er gibt es nicht zu, aber ich habe es bemerkt. Auf der Straße zum Beispiel, wenn er beim Überholen nicht mehr in die Kolonne hineinkann, und es kommt ein Auto aus der anderen Richtung. Und voriges Jahr, als er geglaubt hat, er hat Magenkrebs, da war er nach dem Befund-Abholen so lustig, dass man gemerkt hat, wie viel Angst er vorher gehabt hat.

Das habe ich mir alles vorgesagt, während es geraschelt hat. Aber ich war trotzdem froh, dass niemand bei mir war, der meine Angst bemerkt hat. Doch wenn jemand bei mir gewesen wäre, dann hätte ich wahrscheinlich keine Angst gehabt, und darum habe ich mir wiederum gewünscht, dass jemand da sein soll.

Früher, als ich klein war, bin ich immer zur Mama ins Zimmer gelaufen, wenn ich in der Nacht Angst bekommen habe, und habe bei ihr weitergeschlafen. Ich kann mich erinnern, dass das sehr schön war. Die Mama war warm und weich. Als ich mir das überlegt und daran gedacht habe, wie das früher war, bin ich eingeschlafen. Ich habe geträumt. Aber ich weiß nicht mehr, was. Ich weiß nur, dass es ein sehr angenehmer Traum war.

Als am Morgen die Martina an meine Zimmertür geklopft und «aufstehn, aufstehn» gerufen hat, wollte ich gar nicht munter werden, weil ich mich im Traum so wohl gefühlt habe.

Aber die Martina hat weitergeklopft – das macht sie jeden Tag –, und ich habe aufstehen müssen. Ich bin aus dem Bett gestiegen. Gleich sind mir wieder die Vaterunterschriften, die Staffelrechnungen und der Haslinger eingefallen. Ich habe eine Wut bekommen, dass ich so unheimlich gesund bin, und mir dem Nik seine ewig eitrigen Mandeln gewünscht. Dann hätte mir die Mama sicher ein gelogenes Halsweh geglaubt.

Ich bin ins Badezimmer gelatscht und habe die Martina vom Waschbecken verdrängt. Die hätte sonst bis drei viertel acht Mitesser auf der Nase ausgedrückt. Und dann hätte sie wieder gejammert, dass die Nase dick und rot ist.

Die Martina hat die Badezimmertür hinter mir zugemacht. Sie hat zu mir gesagt: «Wolfi, du Trottel, bist du blöd geworden?»

Ich habe gefragt, warum ich blöd geworden sein soll. Da hat Martina aus der Schlafrocktasche einen zerknitterten Zettel geholt. Es war einer von den Notizblockzetteln, auf dem ich die Vaterunterschriften ausprobiert habe. Martina hat gesagt, der Zettel hat im Wohnzimmer auf dem Boden gelegen. Dort hat sie ihn vor zehn Minuten gefunden.

Ich habe genau gewusst, dass ich alle Unterschriftenzettel zu kleinen Kügelchen zusammengeknüllt und in den Papierkorb geworfen habe. Ich habe sicher keine im Wohnzimmer verloren. Aber es war schon halb acht; ich habe mich beeilen müssen. Ich habe keine Zeit mehr gehabt, die

Sache mit Martina zu besprechen. Doch mir ist ein Verdacht gekommen, ein furchtbarer Verdacht. Ich habe an das Rascheln und Knistern in meinem Zimmer denken müssen und dass das vielleicht doch nicht Einbildung von mir war.

Ich habe keinen Beweis gehabt, aber ich habe gemurmelt: «Verdammter Gurkinger, wenn ich dich erwische, dann drehe ich dir den Hefeteighals um!»

Sechstes Kapitel oder Nr. 6
der Deutschlehrergliederung.

Ich versuche zu erklären, wie das mit dem Haslinger
und mir ist und warum das so hoffnungslos ist.
Weil das so eine schwierige, verzwickte Angelegen-
heit ist, werde ich dazu ein ganzes Kapitel brauchen.

Martina und ich sind in die Schule gewandert. Martina
wollte mir einreden, dass der Haslinger halb so wild ist
und dass mir gar nichts passieren kann.
«Was soll er denn schon tun?», hat sie gesagt. «Eine sie-
bente Vaterunterschrift kann er verlangen. Ob du sechs

oder sieben Vaterunterschriften schuldig bist, ist doch ganz egal!»

Martina ist Vorzugsschülerin. Klassenbeste haben eben keine Ahnung von Fünferproblemen und Unterschriftsschwierigkeiten. Darum habe ich gar nicht versucht, der Martina zu erklären, was mir der Haslinger alles antun könnte. Vor dem Schultor habe ich mir überlegt, ob es nicht am einfachsten wäre, davonzurennen. Wenn sie im Fernsehen ein Kind suchen, sagen sie doch: «Er möge sofort nach Hause kommen, er hat keine Strafe zu erwarten!»

Leider habe ich noch immer überlegt, wo ich mich für ein paar Tage verbergen könnte, da war ich schon bei der Klassentür, und geläutet hat es auch schon.

Und dann war die ganze Aufregung umsonst, weil es doch noch Wunder gibt. Der Haslinger war krank. Statt seiner ist der Professor Feix zu uns gekommen. Er hat uns eine Stunde lang Latein übersetzen lassen. Ich habe mich siebenmal freiwillig gemeldet; so froh war ich.

Nachher in der Pause hat der Slawik Berti, der gemeine Hund, gesagt: «Schade, dass der Haslinger krank ist. Ich hab mich schon so gefreut. Heute hätte er dem Hogelmann hundertachtundzwanzig Staffeln aufgegeben!»

Für die Jungen in meiner Klasse, bis auf meine Freunde natürlich, ist mein Krieg mit dem Haslinger eine gute Unterhaltung. Der Slawik hat mit dem Schestak sogar eine Wette abgeschlossen. Wahrscheinlich würde ich auch lachen, wenn es nicht gerade um mich ginge.

Es ist sicher sehr komisch, wenn der Haslinger zur Tür hereinkommt und «setzen» sagt, und dann schaut er mich an und sagt: «Hogelmann, Wolfgang!»

Und ich stehe dann auf und sage: «Ja, bitte?»

Der Haslinger steht vorne bei der Tafel, und ich hinten in der letzten Bankreihe. Wir schauen uns an.

Nach drei Minuten Schauen – der Berti hat das gestoppt – sagt der Haslinger: «Hogelmann, Wolfgang, ich warte!»

Dann sage ich wieder: «Ja, bitte» und nehme meinen Stoß Staffeln, gehe zur Tafel vor und überreiche dem Haslinger die Staffelrechnungen.

Der Haslinger schaut die Rechnungen durch und fragt: «Hogelmann, Wolfgang, wo sind die Unterschriften Ihres Vaters?» (Der Haslinger sagt «Sie» zu uns.)

Ich stehe da und schaue den Haslinger nicht an, sondern ich starre auf den schwarz geölten Parkettboden. Dort, wo ich immer stehe, ist ein Parkettbodenbrett locker. Wenn ich mit dem rechten Fuß fest auftrete, quietscht es laut.

Der Haslinger sagt: «Hogelmann, Wolfgang, haben Sie mir nichts zu sagen?»

Ich trete mit dem rechten Fuß fest auf und starre weiter auf den Boden.

Dann schreit der Haslinger: «Ich warte auf Antwort!»

Ich gebe dem Haslinger keine Antwort, weil ich wirklich nicht weiß, was ich sagen soll. Ich quietsche nur mit dem Parkettbodenbrett.

So nach ungefähr einer Minute brüllt dann der Haslinger: «Doppelt so viele Staffeln und setzen!»

Ich gehe in die letzte Bank zurück, der Haslinger rückt seine Krawatte zurecht, drückt seine graue Brille fester auf die Nase und sagt keuchend zu den anderen: «Wir beginnen mit dem Unterricht!»

Rechnen war nie meine starke Seite, schon in der Volksschule nicht. Und voriges Jahr auch nicht. Aber für einen Dreier hat es gereicht.

Voriges Jahr haben wir den Professor Bauer gehabt. Der hat mir die Sachen, die ich nicht verstanden habe, immer wieder erklärt. So lange, bis ich es begriffen habe. Aber den Haslinger kann ich nicht fragen, wenn ich etwas nicht verstehe. Mit dem Haslinger und mir ist alles verpfuscht. Der Haslinger hat nämlich keinen normalen Lehrerzorn auf mich, der hat seit drei Jahren einen ganz privaten Zorn auf mich. Er ist erst seit diesem Jahr in unserer Schule, aber ich kenne ihn, seit wir das Haus hier gekauft haben. Er wohnt bei uns um die Ecke. Die Kinder in unserer Gasse nennen ihn «die graue Eminenz», weil alles an ihm grau ist. Die Haare, die Augen, die Haut, der Anzug und der Hut. Nur seine Zähne sind gelb. Ich habe nicht gewusst, dass er ein Mathelehrer ist, und schon gar nicht, dass er einmal mein Klassenlehrer wird. Die anderen haben immer behauptet, er ist ein Altwarenhändler.

Wenn der Haslinger, von dem ich damals noch gar nicht gewusst habe, dass er Haslinger heißt, so steif und grau durch unsere Gasse gegangen ist, dann hat er mich immer gereizt. Und die anderen Kinder auch. Wir haben ihm Fallobst nachgeschossen und Kirschkerne. Und hinter ihm hergebrüllt haben wir auch.

Einmal habe ich ihm mit der Steinschleuder auf den grauen Hut geschossen. Ich habe aber nicht den Hut getroffen, sondern sein linkes Ohr. Und angerempelt haben wir die «graue Eminenz» auch immer beim Vorbeigehen. Wir haben so getan, als ob wir stritten. Dann hat einer von uns einem anderen einen Stoß gegeben, und der andere hat sich auf die «graue Eminenz» fallen lassen. Dann hat er «Oh, entschuldigen Sie bitte!» gesagt, und wir sind kichernd davongelaufen.

Noch in diesem Jahr, einen Tag vor Schulbeginn, habe ich der «grauen Eminenz» einen Plastikbeutel voll Wasser über den Gartenzaun nachgeworfen. Der Plastikbeutel ist auf seiner Schulter gelandet und dort zerplatzt. Und er war auf der einen Hälfte ganz nass.

Wie dann am nächsten Tag, am ersten Schultag, unser Direktor in die Klasse gekommen ist und hinter ihm der Haslinger, habe ich einen Heidenschreck gekriegt. Aber die ganze, entsetzliche Wahrheit habe ich noch immer nicht begriffen. Ich habe geglaubt, der «grauen Eminenz» ist endlich die Geduld gerissen, sie will sich wegen dem Wasserbeutel beschweren. Ich habe mir überlegt, ob ich es abstreiten oder zugeben soll, da sagt der Direx: «Moine lüben Knoben!» (Unser Direx hat es mit den Vokalen! Er verwechselt sie andauernd, weil er glaubt, dass das vornehmer klingt.)

Er sagt also: «Moine lüben Knoben! Euer lüber Professor Bauer wurde heuer vörsötzt! Üch brünge euch hür den lüben Professor Haslingör! Dör würd ob jötzt euer Klossenlöhrer soin! Üch hoffö, ühr vörtrögt euch gut miteunander!»

Ich habe geglaubt, mich trifft der Schlag!

Der Haslinger hat «setzen» gesagt. Der Direx hat «aufwüdersön» gesagt und ist gegangen.

Der Haslinger hat uns verlesen, und jeder hat aufstehen müssen, damit er uns kennen lernt. Wie er «Hogelmann» gerufen hat, ist mir nichts anderes übrig geblieben. Ich bin langsam aufgestanden.

Der Haslinger hat mich angeschaut und hat gesagt: «So, so, das ist also der Hogelmann!» Mehr hat er nicht gesagt. Aber wie er geschaut hat, das hat mir genügt.

Ich habe einen wahnsinnigen Zorn auf das Schicksal bekommen, weil ich nicht verstehen kann, wieso immer mir so etwas passiert.

Nämlich: In der 2 A sitzen der Dworak und der Meissl, in der 2 B der Birninger und der Deiks und in der 1 C der Androsch, der Novotny und der Spiel. Alle haben sie mit mir zusammen den Haslinger genauso geärgert wie ich. Der Androsch sogar noch viel mehr. Der war immer der Ärgste. Und der Novotny und der Spiel haben überhaupt damit angefangen! Aber denen passiert nichts! Denen wird kein Klassenlehrer versetzt! Ausgerechnet mir! Ausgerechnet mir serviert der Direx den Haslinger!

Die Martina – sie ist die Einzige bei uns zu Hause, die von der ganzen Sache weiß –, die Martina hat gesagt, ich brauche mir gar nicht Leid zu tun deswegen, weil ich selber daran schuld bin. Ich hätte ihn in Ruhe lassen sollen, weil er mir nie etwas getan hat. Wenn einer dünn und grau ist und gelbe Zähne hat, sagt sie, ist das noch lange kein Grund zum Ärgern. Und dass es die anderen auch getan haben, meint sie, das ist schon überhaupt kein Grund, sondern höchstens eine blöde Ausrede.

Aber die hat leicht reden! Das hätte sie mir besser vor drei Jahren sagen sollen, als wir damit angefangen haben, den Haslinger zu ärgern. Aber damals hat sie nur gegrinst, wenn ich ihr davon erzählt habe. Jetzt sind ihre Moralpredigten für die Katz! Seit aus der «grauen Eminenz» der Haslinger und mein Klassenlehrer geworden ist, habe ich ihm sowieso keinen Wasserbeutel mehr nachgeschmissen und auch keinen Kirschkern mehr.

Siebentes Kapitel oder Nr. 7
der Deutschlehrergliederung.

Ich erkenne, dass sich der Gurkinger nicht an den Kompromiss hält. Meine Schwester und der von ihr Verehrte werden nass; aber das war nicht der Grund, warum ich zum Gartenschlauch griff. Auch Vorzugsschülerinnen haben Schwierigkeiten im Leben. Fluchen hilft nur für kurze Zeit.

Der wunderbare, haslingerlose Schultag ist bald zu Ende gewesen. Ich wollte vor dem Schultor auf Martina warten, doch dann habe ich gesehen, dass der Berger Alex auch dasteht. Weil der todsicher auf die Martina gelauert hat, bin ich allein nach Hause gegangen.

Unsere Gartentür war zugesperrt. Ich bin über den Zaun geklettert. Unsere Haustür war auch zugesperrt. Ich bin durch das offene Küchenfenster ins Haus gestiegen. Ich habe ja eigentlich einen Schlüsselbund mit allen Schlüsseln dran – für den Garten, für das Haus, für den Keller, für die Garage und für den Dachboden. Den hat mir der Papa zum zwölften Geburtstag geschenkt. Der Schlüsselbund hat einen Anhänger, ein rotes Rennauto, das nebenbei eine Taschenlampe ist und hupen kann. Aber ich habe den Schlüsselbund seit ein paar Tagen nicht finden können. Er war auf einmal verschwunden. Und ich wollte Mama nicht fragen, ob sie ihn beim Aufräumen gesehen hat. Mama hätte gleich gedacht, ich habe ihn verloren und ein Einbrecher hat ihn gefunden. Sie hätte dann in der Nacht nicht schlafen können und vom Papa verlangt, er soll neue Schlösser an die Türen machen lassen, weil sie vor Einbrechern Angst hat.

Ich bin also durchs Küchenfenster ins Haus gestiegen. Auf dem Küchentisch haben zwei Zettel gelegen. Einer von der Mama, dass sie wegen neuer Dauerwellen und Haarbleichen beim Friseur ist und dass wir uns das Sauerkraut wärmen sollen.

Der andere Zettel war vom Opa. Darauf hat gestanden: «Bin den Nik von der Schule abholen. Nachher gehen wir in den Stadtpark! Grüße, Opa!»

Der Opa holt den Nik immer von der Schule ab. Sonst kommt der Nik nämlich nicht nach Hause. Er geht lieber zum Hubert, zu unserem Tischler.

Ich habe mir gedacht, jetzt bin ich allein im Haus, doch dann ist mir eingefallen, dass der Kumi-Ori auch noch da ist. Ich bin zum Zimmer vom Papa gegangen und habe durchs Schlüsselloch geschaut. Ich habe aber nichts gesehen und auch nichts gehört. Da habe ich die Tür aufgemacht und mich umgeschaut. Ich habe überall nachgeschaut, sogar im Schrank und unter dem Bett und im Papierkorb. – Der Gurkinger war nirgendwo.

Da habe ich gewusst, dass sich der Gurkinger nicht an die Abmachung zwischen dem Papa und der Mama hält und sehr wohl Papas Zimmer verlässt, wenn der Papa nicht zu Hause ist.

Ich habe das ganze Haus nach dem Gurkinger durchsucht. Ich habe schon die Hoffnung gehabt, dass die Kumi-Ori-Untertanen ihren König geholt und aufgehängt haben. Durchs Küchenfenster bin ich wieder in den Garten gestiegen. Dort habe ich mich umgeschaut. Im Garten war auch kein Kumi-Ori-König.

Vor unserer Gartentür hat die Martina mit dem Alex gestanden. Es hat so ausgeschaut, als ob sie stritten. Darüber war ich sehr erstaunt. Sonst halten sie immer Händchen, und der Alex schaut wie ein Schaf durch seine runden Brillengläser auf die Martina, und die Martina schaut durch ihre Stirnfransen wie ein Schaf auf den Alex, und dabei flüstern sie miteinander. Aber heute haben sie nicht geflüstert, sondern ziemlich laut geredet. Sie haben auch nicht wie Schafe geschaut, sondern wie Tiger.

Ich habe den Alex sagen hören: «Wenn du dich von ihnen wie ein Baby behandeln lässt, dann geschieht es dir recht, dass sie dich wie ein Baby behandeln!» Und: «Lass dir doch nicht die harmlosesten Sachen verbieten!»

Die Martina hat gesagt: «Du kannst leicht reden, weil dein Vater davongelaufen ist. Mit der Mama käme ich auch zurecht!» Und: «Dann nimm halt die Anni Westermann mit, du Trottel! Die darf sicher!»

Sie haben natürlich noch viel mehr gesagt, aber das war das Einzige, was ich verstanden habe. Ich war zu faul, um wieder durch das Küchenfenster ins Haus zu klettern. Ich wollte mir von Martina die Schlüssel holen. Und wie ich zur Gartentür gehe, da sehe ich plötzlich etwas unter dem Fliederbusch neben der Gartentür blitzen. Rot funkelnd hat es geblitzt! Es waren die Edelsteine in der Krone vom Gurkinger. Der Gurkinger ist unter dem Fliederbusch gehockt und hat die Martina und den Alex belauscht. Er hat so angestrengt gelauscht, dass er mich gar nicht bemerkt hat.

Na, warte, du schuftiger Hundskürbis!, habe ich mir gedacht. Zuerst wollte ich ihm einen Stein an den Kopf werfen. Aber ich habe nicht gewusst, ob sein Hefeteigschädel das aushält. Und ich wollte keine Königsleiche unter dem Fliederbusch haben.

Neben mir, im Gras, hat der Gartenschlauch gelegen. Ich habe ihn genommen und mich ein paar Schritte an den Kumi-Ori herangeschlichen. Dann habe ich ganz stark aufgedreht. Zuerst habe ich dem Gurkinger die Krone vom Kopf gespritzt, und dann habe ich ihn von oben bis unten unter Wasser gesetzt. Der Wasserstrahl war sehr stark, oder der Kumi-Ori war sehr schwach. Jedenfalls hat der Wasserstrahl den Kumi-Ori an den Zaun gedrückt, und er hat nicht mehr weggekonnt. Er hat am Gartenzaun geklebt und hat dabei gekreischt: «Herren Hogelmann, Herren Hogelmann, helfen er mich! Ihrem Bube bedrohen mir!»

Ich habe grinsen müssen. Ich habe mir gedacht: Um deinen Herrn Hogelmann kannst du lange greinen. Der sitzt in der Autoversicherung und rechnet!

Ich habe noch stärker aufgedreht und weitergespritzt. Da ist die Gartentür aufgegangen, und Martina ist wütend auf mich losgestürmt. Sie hat gebrüllt: «Bist du wahnsinnig, du kleiner Irrer?»

Sie war ganz nass. Die Haare haben ihr im Gesicht geklebt, und das Kleid und alles war ganz nass. Der Berger Alex hat zum Gartentor hereingeschaut. Er war waschelnass. Das Wasser ist aus seinen langen Haaren getropft. Sein langer, grauer Pullover hat ganz schwarz ausgesehen, weil er so nass war. Der Alex hat gebrüllt: «Dein Bruder, der Idiot, passt genau zu dir, du blöde Gans!»

Dann ist er gegangen.

«Entschuldige bitte», habe ich zu Martina gesagt, und dabei habe ich mit Superstärke weitergespritzt, «wenn ihr etwas feucht geworden seid, aber ich muss der königlichen Gurke eine Lehre erteilen und süße Rache üben!» Martina hat den Gurkinger am Zaun kleben sehen. Sie hat gemeint, ich soll aufhören, weil ich ihn sonst umbringe. Da habe ich das Wasser abgedreht. Aber nicht sehr gern. Der Gurkinger ist vom Zaun geplumpst. Er hat sich gebeutelt wie ein Hund nach dem Schwimmen. Dann ist er davongaloppiert.

Martina ist zum Fliederbusch gelaufen. Sie hat die Krone gepackt und hat sie dem Kumi-Ori nachgeschleudert.

Ich habe gebrüllt: «Da hab er seinen blöden Kronen, ohne die er nicht kann lebt!»

Martina hat «bäh» geschrien und ihm eine lange Nase gezeigt.

Der Kumi-Ori hat im Laufen die Krone gepackt, hat sie auf seinen Schädel gestülpt und ist um die Hausecke geflitzt.

«Das war mir eine Wonne», habe ich befriedigt zu Martina gesagt.

Martina hat noch immer beim Fliederbusch gehockt.

«Wolfi, schau her», hat sie gerufen.

Ich habe hingeschaut. Unter dem Fliederbusch hat noch etwas rot gefunkelt: der rote Rennautoanhänger von meinem Schlüsselbund. Und daneben hat der Schlüsselbund gelegen.

«Hast du den hier verloren?», hat Martina gefragt.

Ich habe den Kopf geschüttelt. Ich habe gesagt: «Ich krieche nicht unter Fliederbüsche und belausche die Leute. Darum verliere ich auch unter Fliederbüschen keine Schlüssel!»

Wir haben uns angeschaut. Martina hat gemurmelt: «Mir wäre lieber, der Papa hielte sich statt des Gurkingers ein Dutzend Giftschlangen!»

Ich habe den Schlüsselbund eingesteckt und habe gesagt, dass sie da sehr Recht hat.

Nachher hat sich Martina umgezogen, und wir haben das Sauerkraut aufgewärmt. Es wäre ein gutes Sauerkraut gewesen, wenn sich Martina nicht eingebildet hätte, dass sie es auf Indonesisch umwürzen muss. Sie hat behauptet, sie macht Nasi-goreng daraus. Sie hat aus Mamas Gewürzstellage allerhand Körner und Pulver ins Kraut geschmissen. Das hat dem Sauerkraut nicht gut getan. Es ist komisch geworden. Ich kann gar nicht sagen, wie.

Schweinsbraten schmeckt gut, und Marillenknödel schmecken gut. Auch Kartoffelpuffer. Linsensuppe schmeckt schlecht. Spinat schmeckt schlecht, und Bauchfleisch ist auch schlecht. Aber das Sauerkraut hat nicht gut und nicht schlecht geschmeckt. Es hat überhaupt nicht so geschmeckt wie etwas, was man essen kann. Ich habe es aber trotzdem gegessen, weil ich Martina eine Freude machen wollte.

Martina hat kein Sauerkraut gegessen, nicht wegen dem

Geschmack, sondern weil sie unglücklich war. Sie hat mir erzählt, dass sie sich mit dem Berger Alex nicht mehr liebt. Weil er gesagt hat, dass er so eine Freundin wie sie nicht brauchen kann. Eine, die nie am Abend Zeit hat und nicht einmal am Samstag ausgehen kann, denn er braucht eine Freundin für Partys und Sommernachtsfeste. Außerdem will er im Sommer mit seinem Freund und mit dem Zelt nach Jugoslawien fahren, und die Martina soll sich entscheiden, ob sie mitfährt. Wenn sie nicht mitfährt, nimmt er die Anni Westermann mit.

Martina hat geschluchzt, als sie mir das erzählt hat. Ich war sehr erstaunt darüber, weil ich immer geglaubt habe, dass es der Martina gut geht. Weil sie doch Klassenbeste ist. Ich habe gar nicht geahnt, dass sie auch Probleme hat.

Martina hat mir versprochen, dass sie mit mir Mathe lernen wird und dass ihr wegen der Haslingerfeindschaft etwas einfallen wird. Darum wäre mir sehr gerne auch etwas für Martina eingefallen, und ich hätte ihr gerne etwas versprochen. Zumindest getröstet hätte ich sie gerne. Aber ich habe nicht gewusst, wie man jemanden tröstet. Höchstens den Nik. Dem schenkt man einen Bonbon, oder man sagt: «Heile, heile, Segen, morgen kommt der Regen ...»

Weil mir nichts zum Trösten eingefallen ist, habe ich zu schimpfen angefangen. «Trottel», habe ich gesagt und: «Sauidiot, blöder.»

«Meinst du mich?», hat Martina geschluchzt.

«Aber nein», habe ich sie beruhigt, «ich meine den Berger

Alex, den blöden Hammel und alle anderen Sauhunde, die so idiotisch saublöd sind!»

«Ja», hat Martina gesagt, «und den Gurkinger, den Schuft, den verdammten!»

«Den Hundsarsch», habe ich gesagt.

«Den Kleinkarierten», hat Martina gerufen.

Dann haben wir richtig losgelegt. Wir haben alle Schimpfwörter heruntergebrüllt, die wir gewusst haben. Wir haben auch neue Schimpfwörter erfunden. Die waren zwar nicht sehr gescheit, dafür waren sie aber ordinär. Und das war uns wichtig.

Dann war uns leichter. Wir haben fast lachen müssen. Wir haben eine Menge Pläne geschmiedet: dass wir den Gurkinger in den Keller zurücktragen oder ihn bei der Polizei abgeben und sagen: «Mit den besten Grüßen von unserem Papa!», und behaupten, er ist eine Fundsache. Oder dass wir den Gurkinger im Naturgeschichtskabinett in Spiritus legen.

Wir haben auch beschlossen, dass wir dem Berger Alex das Leben zur Hölle machen und ihn in den Selbstmord treiben. Und dass der Haslinger bald eine schwere Krankheit, zum Tode hin, bekommt und in Pension gehen muss. Und dass wir dem Papa unsere Meinung sagen werden und dass der Papa ganz anders werden muss, das haben wir auch beschlossen. Aber wir haben gewusst, dass das alles nicht zu machen ist.

Achtes Kapitel oder Nr. 8
der Deutschlehrergliederung.

Bei uns zu Hause ist es ungemütlich wie in einem ungeheizten Zimmer. Unter der zerlegten Pendeluhr findet sich allerlei. Darum verliert Mama die Nerven. Sie findet sie aber wieder.

In den nächsten Tagen ist bei uns zu Hause nichts Besonderes geschehen. Aber schön war es nicht. Es war bedrückend. Sogar der Nik hat das gespürt. Er hat nur halb so viel gequatscht wie sonst. Die Mama war nicht lustig. Das hat man schon am Essen gemerkt. Zum Schweinsbraten hat sie Nudeln gemacht, und der Grießpudding hat Klümpchen gehabt. Der Opa hat dauernd Zeitung gelesen, oder er ist kegeln gegangen. Der Papa war entweder in der Autoversicherung, oder er ist in seinem Zimmer drin gewesen.

Und die Mama hat den Putzfimmel bekommen. Wie eine Wilde hat sie gewischt und gesaugt und geglänzt und poliert. Und von der Nase herunter, über die Mundwinkel bis zum Kinn, hat sie rechts und links eine Falte gehabt; so grantig hat sie geguckt.

Das war alles arg. Noch ärger war, dass ich mich in unserem Haus wie ein Dieb beim Einbrechen benommen habe. Der Martina ist es genauso gegangen. Haben wir eine Zimmertür aufgemacht, haben wir gleich argwöhnisch herumgeguckt, ob da nicht einer sitzt. Hat es geraschelt, sind wir zusammengezuckt. Wir haben gedacht: Da lauert der Gurkinger!

Wenn wir uns zum Mathe-Lernen zusammengesetzt haben und wir haben zwischendurch etwas anderes beredet, dann haben wir geflüstert, damit uns der Gurkinger nicht hören kann – oder der Papa. So einen genauen Unterschied haben wir da nicht mehr gemacht.

Bei der Mama muss das ähnlich gewesen sein. Einmal nämlich bin ich in der Nacht aufgewacht und habe Hunger gehabt. Ich bin in die Küche gegangen und hab etwas zum Essen gesucht, im Eisschrank. Ich habe in der Küche kein Licht angedreht, weil es im Eisschrank sowieso hell ist. Ich habe mir gerade eine Gurke aus dem Glas gefischt. Auf einmal geht die Küchentür auf, und die Mama schreit mit schriller Stimme: «Ha, warte nur, du Biest, jetzt hab ich dich erwischt!»

Sie hat das Licht aufgedreht. Sie war im Nachthemd. In der rechten Hand hat sie den Teppichklopfer geschwungen. Sie hat entsetzlich böse dreingeschaut. Alle Lockenwickler auf ihrem Kopf haben gezittert.

Ich hab einen Schreck bekommen. Ich hab gestottert: «Man wird sich doch noch eine Gurke holen dürfen!» Die Mama hat den Klopfer fallen lassen. Sie hat sich an die Wand gelehnt. Sie hat gemurmelt: «Ach, du bist es. Ich hab geglaubt ...»

Ich habe sie gefragt: «Was hast du geglaubt?»

Dabei habe ich meine Gurke gesucht, die war mir vor lauter Schreck vorher aus der Hand gefallen. Die Mama wollte nicht sagen, was sie geglaubt hat. Ich habe meine Gurke unter dem Küchentisch gefunden.

«Du hast geglaubt», habe ich gesagt, «der Kumi-Ori-König schleicht in der Küche herum!»

Die Mama hat gesagt, das ist nicht wahr und ich soll schlafen gehen, sonst komm ich um den gesunden Schlaf vor Mitternacht, der der beste ist.

Die Martina hat auch versucht, mit der Mama über den Gurkinger und den Papa zu reden. Doch die Mama war stur. Sie hat immer wieder gesagt, der Kumi-Ori geht sie nichts an, interessiert sie nicht, ist dem Papa seine Sache.

Und sie lässt nicht zu, dass man vor ihr über den Papa schimpft. Das dürfen Kinder nicht. Außerdem gibt es noch üblere Väter als den unseren (eine Tatsache, die wir gar nicht bestritten haben).

Der Opa war genauso stur wie die Mama. Er zerbricht sich nicht den Kopf über Exil-Gurken, hat er erklärt.

Ich habe zu ihm gesagt: «Ich find das gemein von dir! Du bist genauso gegen den Gurkinger. Dann befehl dem Papa, dass er den Gurkinger hinausschmeißt! Du bist der Papa vom Papa, du bist der Einzige, der ihm was sagen kann!»

Der Opa hat behauptet, ab einem gewissen Alter kann man seinen Kindern nichts mehr vorschreiben oder befehlen. Und dann: «Außerdem ist es jetzt schon zu spät! Wir hätten den Kumi-Ori gleich am ersten Tag rausschmeißen müssen. Mein Sohn steckt schon bis zum Hals in der Soße drin!»

Ich wollte wissen, wieso es zu spät ist und warum sein Sohn bis zum Hals in welcher Soße steckt.

Der Opa hat gesagt, das kann er mir nicht sagen, weil es nur Vermutungen sind. Ich soll ihn in Ruhe lassen. Er muss seinen Leitartikel lesen.

Außerdem sind noch eine Menge ärgerlicher Sachen passiert. Plötzlich war Martinas Tagebuch verschwunden. Und die drei Briefe, die ihr der Berger Alex wegen einer Versöhnung geschickt hat. Meine Briefmarken waren auch weg. (Eigentlich waren es dem Papa seine. Ich habe sie mir nur gemaust, damit ich sie in der Schule zeigen kann und der Slawik Berti die Augen aufreißt.) Und das vierte Mahnschreiben von der Leihbücherei ist auch verschwunden gewesen.

Ich habe zur Martina gesagt: «Denk einmal an den Zettel mit den falschen Vaterunterschriften! Wer hat den aus meinem Papierkorb geholt?»

Martina hat gesagt: «Und dein Schlüsselbund!»

«Los!», habe ich gerufen.

«Los!», hat Martina geschrien.

Es war Nachmittag. Der Opa und die Mama haben im Wohnzimmer gesessen. Die Mama hat für Martina einen Pullover gestrickt. Martina und ich sind an ihnen vorbei zu Papas Zimmertür gegangen.

Die Mama hat die Strickerei sinken lassen. Sie hat gerufen: «Ihr geht nicht in Papas Zimmer!»

«Doch! Doch!», hat Martina gesagt.

Sie war ganz wild und hat die Tür aufgemacht. Der Kumi-Ori hat auf Papas Schreibtisch gesessen und hat mit einem Socken die Edelsteine in der Krone poliert. Es war Papas bester Socken.

«Gib mir mein Tagebuch wieder, du Schuft», hat Martina gebrüllt.

«Und mein Mahnschreiben», hab ich geschrien.

Der Gurkinger hat nervös gezuckt. «Wir nix habst!»

«Klar hast du die Sachen! Gib sie her!», habe ich gesagt.

«Wir nix gibst her, nie nix gibst her!»

Da hab ich ihm die Krone aus den Pfoten gerissen und habe sie in die Luft gehalten.

«So, verehrter Gurkenschädel», hab ich leise gesagt, «entweder rückst du unsere Sachen heraus, oder ich schmeiße deine Krone aus dem Fenster, dass sie auf dem höchsten Nussbaummast hängen bleibt!»

«Bube, er mich gibst sofortig den Kronen!»

Ich habe den Kopf geschüttelt und grimmig dreingeschaut. Der Kumi-Ori-König ist greinend und zitternd vom Tisch auf den Sessel und von dort auf den Boden. Er hat gejeiert: «Wir brauchst den Sachen! Wir musst aufgehoben, damit zeigt dem Herren Hogelmann als Beweisenstücken von liederliches Familien! Ihr mir nix mögen! Wir ihnen schade wollen, wenn Zeiten dazu reifen!»

«Denkste, denkste», hab ich gesagt, und: «Du wirst uns nichts schaden! Sachen her!»

Der Kumi-Ori hat geschluchzt. Aber ich habe schon mit ärmeren Leuten kein Mitleid gehabt. Ich habe so getan, als schmisse ich die Krone gleich zum Fenster hinaus. Da hat er endlich gesagt, wo die Sachen sind.

«Ihriges Sachen geliegst unter unseres Bett!»

Unter Papas Bett war eine Schachtel. Darin war die Penduluhr, die Papa einmal zerlegt hat, und dann hat er sie nicht mehr zusammensetzen können. Zwischen den Rädchen und Schrauben haben wir unsere Sachen gefunden. Das Tagebuch, die Briefe, den Mahnzettel und die Briefmarken. Ich habe dem Kumi-Ori die Krone hingeschmissen. Dann sind wir aus dem Zimmer raus. Die Tür haben wir hinter uns zugeknallt.

«Aber, aber», hat der Opa grinsend gesagt, «brave Kinder knallen nicht mit Türen!»

Die Mama hat uns komisch angeschaut. Dann ist sie ganz rot im Gesicht geworden und hat uns gefragt: «Sind vielleicht auch ein paar Zettel dabei?»

«Zettel?» Ich habe nicht gewusst, was sie meint.

«Ja, ja, so Zettel halt, so Zettel.» Die Mama war ganz nervös. Da hat die Martina ihr Tagebuch durchgeblättert und hat wirklich drei Zettel gefunden.

Der erste Zettel war eine Rechnung vom Kleiderhaus «Lady». Darauf hat gestanden: ein Damenmantel Modell «Rio» 3200 S.

Wo doch die Mama behauptet hat, der neue Mantel von ihr ist ein Gelegenheitskauf um tausend Schilling!

Der zweite Zettel war ein Mahnschreiben. Aber nicht von der Leihbücherei, sondern vom Elektro-Blitz. Darauf hat gestanden, dass die Mama mit der elften Rate für die Geschirrspülmaschine in Verzug ist.

Ich war platt! Uns hat die Mama erzählt, sie hat die Geschirrspülmaschine von ihrer alten Erbtante Klara zum Geburtstag bekommen.

Der dritte Zettel war eine Beitrittserklärung zum Buchklub «Alphabet». Dabei kann ich mich noch ganz genau erinnern, wie uns die Mama erzählt hat, dass sie den lästigen Buchvertreter in hohem Bogen zum Gartentor hinausgeschmissen hat, weil sie sich so etwas nicht anhängen lässt.

Wir haben der Mama die drei Zettel gegeben. Die Mama hat «danke» gesagt, und zum Opa hat sie gesagt: «Jetzt reicht es mir aber langsam!» Ihre Stimme war ganz hoch und zittrig.

Der Opa hat der Mama die Schulter getätschelt. Er hat gemurmelt: «Schwiegermädchen, verlier um Himmels willen nicht die Nerven!»

Doch die Mama hat die Nerven verloren. Sie hat richtig zu heulen angefangen. Sie hat geschluchzt, der Kumi-Ori-König ist an allem schuld.

Der Opa hat gesagt, das ist nicht wahr. Das redet sie sich nur ein. Der Kumi-Ori ist zwar ein fürchterlicher Gnom, aber in einer normalen Familie, in so einer, wie eine Familie sein sollte, da hätte der Kumi-Ori nicht so fürchterlich wirken können.

Die Mama hat behauptet, wir sind doch eine normale, sehr ordentliche Familie.

Martina hat plötzlich gebrüllt: «Nein, nein, wir sind keine! Wir sind eine ganz scheußliche Familie! Fernsehn darf man nur, was der Papa will! Zu essen bekommt man nur, was der Papa will! Anziehn darf man nur, was der Papa will! Lachen darf man nur, wenn der Papa will!»

Da hat sie zwar ein bisschen übertrieben, aber ich habe ihr trotzdem Recht gegeben und habe geschrien: «Die Martina ist schon erwachsen und darf nicht einmal ins ‹Gogo› gehen und nicht tanzen! Und in ein Zelt darf sie auch nicht! Und Sommernachtsfest kriegt sie keines! Und die Lippen darf sie sich nicht anmalen. Und Maxi-Mantel bekommt sie auch keinen!»

«Ja, ja», hat die Martina gesagt. Dann hat sie auf mich gezeigt. «Und der arme Kerl wird nervenkrank und muss in der Nacht aufschreien, weil ihm sechs Vaterunterschriften fehlen. Dabei kann er ganz ordentlich rechnen! Er kann nur aus lauter Angst nicht, weil der Papa gedroht hat, ihm den Schwimmverein zu verbieten!»

Die Mama hat sich auf die Couch fallen lassen. Sie hat sich auf die Stricknadeln gesetzt. Sie hat uns mit weit offenem Mund angestarrt, dabei hat sie eine verbogene Stricknadel unter ihrem Hinterteil hervorgeholt. «Welches Zelt? Welche Stricknadeln?», hat sie gestottert.

Martina hat sich die Stirnfransen aus der Stirn geblasen. «Das Zelt ist jetzt nicht so wichtig», hat sie gesagt, «weil der Alex sowieso ein Trottel ist, aber», sie hat mich bei der Schulter gepackt und zur Mama hingeschoben, «aber hier, der Wolfi, der ist wichtig! Er braucht sechs Vaterunterschriften und traut sich nicht. Und sitzen bleiben würd er auch fast! Und mit seinen Problemen kann er nur zu mir kommen, der arme Kerl!»

Dann hat mich die Martina fest an sich gedrückt. Wir haben umarmt dagestanden wie zwei, die Abschied auf ewig nehmen müssen.

Ich war ergriffen, so eine Schwester zu haben. Aber ich war

mir nicht ganz sicher, ob Martinas Geständnis über mich klug war.

Die Mama war auch ergriffen. Sie hat mit der verbogenen Stricknadel in ihrem hellblonden Haaraufbau herumgestochert und geflüstert: «Mich laust der Affe!»

Ich habe sie genau beobachtet. Sie war nicht bös. So habe ich halt die ganze Geschichte vom Haslinger erzählt.

Ich habe ziemlich lange dazu gebraucht, weil mich die Mama dauernd unterbrochen hat. Ungefähr so: «Was, der Graue, Alte mit den Hasenzähnen, der ist dein neuer Mathelehrer! O Gott, o Gott, o Gott!» Dabei ist sie sich vor Aufregung gleich mit allen beiden Stricknadeln in den Haarturm gefahren. Und: «Vierundsechzig Staffeln? Immer bis mal zehn? Und dann wieder alles durchdividiert? Bis das obere herauskommt?» Sie hat sich die Nase gerieben und gestöhnt.

Oder: «Wieso will er Vaterunterschriften? Wir leben doch in einem Land, wo Gleichberechtigung ist!»

Sie hat mit der Faust auf den Tisch gehauen. Und zwischendurch hat sie immer wieder gefragt: «Aber wirklich sitzen bleiben tust du doch nicht! Oder?»

Die Martina hat der Mama versprochen, dass ich nicht wirklich sitzen bleiben werde. Da war die Mama beruhigt. Und weil Frauen mit den Männern gleichberechtigt sind, wollte sie mir die sechs Vaterunterschriften machen. Und der Opa wollte mir auch die sechs Vaterunterschriften machen, weil er ja auch Rudolf Hogelmann, so wie der Papa, heißt. «Und drunter schreib ich: Großvater!», sagte der Opa lachend. «Und wenn ihm das nicht gefällt, dann, dann ...»

«... dann geh ich in die Schule», rief die Mama, «und erkläre ihm die Gleichberechtigung!»

Wir waren fast schon wieder lustig, da ist der Nik nach Hause gekommen. Er war bei einem Kindergeburtstag. Wir haben zu reden aufgehört, weil man nicht wissen kann, was dann der Nik dem Papa oder dem König Kumi-Ori weitererzählt.

Der Opa hat noch leise zu mir gesagt: «Wolfi, wenn deine Eminenz, der Haslinger, wieder gesund ist, dann geh ich zu ihm. Oder ich werd ... na ja, ich werd schon was! Jedenfalls, die Sache bringen wir in Ordnung!»

Aber der Nik hat es doch gehört. Er hört immer alles, was er nicht hören soll. «Welche Sache? Welche Sache?», hat er gefragt. «Ich will auch etwas wissen! Von was für einer Sache redet ihr denn?»

«Wir reden davon», habe ich gerufen, «wie man kleinen Jungen am besten die Ohren zusammennäht und verstopft und verkleistert!»

Da hat der Nik zu weinen angefangen. Ich habe ihm ein Kaugummi geschenkt, weil ich mir schäbig vorgekommen bin. Der Nik ist nämlich lieb. Dass er von der Sache nichts versteht, ist bei seinem Alter kein Wunder.

Neuntes Kapitel oder Nr. 9
der Deutschlehrergliederung.

Martina glaubt an Romeo und Julia. Frau Schestak
ruft an. Erinnerungen in der Dämmerung.

Seit die Mama und der Opa von meinen Haslinger-
Schwierigkeiten gewusst haben, war mir leichter. Und
dann habe ich nicht mehr eine solche Angst gehabt, weil
ich jetzt wirklich hab rechnen können. Ich habe unser ganzes Rechenbuch durchgerechnet, jedes Beispiel. Und im
Bruchrechnen war ich fast schon ein Genie, hat die Martina gesagt.

Wir haben gerechnet wie die Wilden. Martina hat gemeint, das ist auch gut für sie selber. Wenn sie sich mit Geistigem beschäftigt, kommt sie leichter über den Berger Alex hinweg. Der Berger Alex war nämlich die Enttäuschung ihres Lebens.

«Man muss gerecht sein», hat die Martina gesagt, «in der Sache mit dem Alex darf man nicht dem Papa allein die Schuld geben, obwohl der Papa ganz falsche Ansichten hat. Wenn mich der Alex wirklich geliebt hätte, dann hätte er mich weitergeliebt – auch gegen alle häuslichen Schwierigkeiten –, denk doch nur an Romeo und Julia!», hat sie gerufen.

Ich kenne mich mit Romeo und Julia nicht sehr gut aus. Ich weiß nur, dass die beiden am Ende vom Theaterstück irgendwie Selbstmord begehen. Darum war ich froh, dass die Martina den Alex nicht mehr mag.

«Aber der Papa hat trotzdem Unrecht», hat die Martina mir dann erklärt, «weil er den Alex wegen der langen Haare und der runden Nickelbrille nicht hat leiden können. Und wer die Menschen nach solchen Äußerlichkeiten beurteilt, der ist ungerecht!»

Der Fehler am Alex ist, hat Martina gesagt, dass er für eine Zweierbeziehung noch nicht reif ist. Ich versteh solche Sachen überhaupt nicht, aber ich habe es mir halt angehört, weil ich gemerkt habe, dass die Martina gerne darüber redet. Und ich war froh, dass sie zu mir so eine gute Zweierbeziehung hat und mit mir rechnet.

Der Haslinger war immer noch krank, irgendwas an der Leber, was lange dauert. Wir haben in Mathe einen jungen Aushilfslehrer bekommen, der war prima. Er hat mich für einen guten Schüler gehalten. Wie der Slawik Berti ihm gesagt hat, dass ich der Schlechteste in der Klasse bin, hat er sich mein Schularbeitsheft angeschaut. Er hat gemeint, das ist ihm ein Rätsel. Die anderen in meiner Klasse haben sich auch gewundert. Sie haben gesagt, so etwas bringt nur ein gottbegnadeter Nachhilfelehrer zustande. Und der Schestak, der außer mir der Schlechteste in der Klasse war, hat mich um die Adresse von dem gottbegnadeten Nachhilfelehrer gebeten. Er hat nicht glauben wollen, dass nur meine Schwester mit mir lernt. Er hat gesagt: «Das nimmt dir keiner ab, dass die tolle Zuckerpuppe auch noch rechnen kann!»

Ich habe mich gefreut, dass meine Schwester eine tolle Zuckerpuppe ist.

Einmal, am Abend, als das Telefon geklingelt hat, ist der Papa gerade von der Küche, mit einer ausgewachsenen Kartoffel in der Hand, durchs Vorzimmer gegangen. Er hat den Hörer abgehoben. «Hier Hogelmann 46–65–625», hat er sich gemeldet. Er meldet sich immer am Telefon so umständlich. Direkt ein Wunder, dass er die Adresse nicht auch noch angibt.

Er hat in den Hörer hineingelauscht und ein ganz verwirrtes Gesicht gemacht. Und alle paar Sekunden hat er gesagt: «Ja, ja, Frau Schestak» und «küss die Hand, Frau

Schestak», «so, so, Frau Schestak» und «natürlich, Frau Schestak» und «aber, aber, Frau Schestak» und «wird ihr eine Ehre sein, Frau Schestak». Endlich hat er «küss die Hand, Frau Schestak, auf Wiedersehn, Frau Schestak» gesagt und den Hörer aufgelegt.

Die einzige Frau Schestak, die wir kennen, ist die Mutter von dem Schestak, der mit mir in die Schule geht. Der Papa hat vor den Schestaks sehr viel Hochachtung, weil der Herr Schestak Direktor in einer Autoversicherung ist. Aber nicht in der, bei der Papa arbeitet.

Der Papa hat uns, nachdem er den Hörer aufgelegt hat, angeschaut, dann hat er sich geräuspert. Man hat gemerkt, dass es ihm schwer fällt, mit uns zu reden. Er war schon ganz aus der Übung. Er hat gesagt: «Das war die Frau Schestak!»

Na, das habe ich mir gedacht. Das braucht er doch nicht mehr zu sagen, wo er doch schon am Telefon hundertmal «Frau Schestak» gesagt hat.

Der Papa fuhr fort: «Angeblich ist meine Tochter eine grandiose Nachhilfelehrerin! Aber in diesem Haus wird einem ja nichts mehr mitgeteilt! Man steht ja wie ein Trottel am Telefon und weiß von nichts! An und für sich bin ich ja dagegen, dass minderjährige Mädchen Geld verdienen. Martina sollte lieber mehr lernen. Auch sie könnte sich noch verbessern! Aber ich habe eine Ausnahme gemacht, da es sich um die Familie Schestak handelt!»

Papa schaute nun Martina an. Er sagte: «Du wirst morgen

die Frau Schestak anrufen und alles Nähere ausmachen! Und das Geld wird auf ein Sparbuch gelegt!»

Martina hat das nicht begriffen. Sie hat den Papa gefragt: «Was soll ich ausmachen? Welches Geld?»

Der Papa war schon wieder auf dem Weg in sein Zimmer. Er hat sich umgedreht. «Du wirst dem Titus Schestak ab nächster Woche Nachhilfestunden in Mathematik erteilen. Und das Geld, das du dafür bekommst, wirst du auf ein Sparbuch legen!» Er war schon bei seiner Zimmertür, da hat er noch hinzugefügt: «Zumindest einen Teil des Geldes!» Dann ist er in seinem Zimmer verschwunden.

«Papa, Papa», hat der Nik gerufen, «du hast dem König sein Abendessen vergessen!»

Neben dem Telefon hat die ausgewachsene Kartoffel gelegen. Der Nik hat die Kartoffel genommen und ist damit in Papas Zimmer gelaufen. Ich habe gehört, wie der Papa gesagt hat: «Danke, mein lieber Sohn!»

Die Martina hat getobt. Sie hat gesagt, sie hat gar nichts dagegen, dem Titus Schestak Nachhilfestunden zu geben, ganz im Gegenteil. Sie hat sich schon lange Nachhilfeschüler gewünscht. Aber sonst nehmen sie dafür nur welche aus der siebenten und achten Klasse. Und sie hat nicht einmal was dagegen, einen Teil von dem Nachhilfestunden-Geld auf ein Sparbuch zu legen, aber sie hat etwas dagegen, wenn der Papa so einfach über sie bestimmt. Er hätte sie zumindest fragen müssen, ob sie das will. Und ein anständiger Vater hätte zur Frau Schestak gesagt, gleich am

Anfang von dem Telefongespräch: «Liebe Frau Schestak, das ist Angelegenheit meiner Tochter. Einen Moment bitte, ich hole sie an den Apparat!»

Die Mama hat die Martina beruhigt. Die Mama hat erklärt, Hauptsache ist, die Martina gibt dem Titus Schestak gerne Nachhilfestunden in Rechnen und bekommt Geld dafür.

Ich bin in den Garten gegangen. Ich mache manchmal gerne in der Dämmerung einen Gartenrundgang. Papas Zimmerfenster war offen. Aber hineinsehen konnte man nicht. Der dicke Vorhang war zugezogen. Ich habe Papas und Niks Stimmen gehört. Der Nik hat gelacht. Ich bin nicht näher zum Fenster gegangen. Ich bin ja kein lauschender Kumi-Ori-König. Ich bin traurig geworden. Ich habe mir gedacht: Armer Nik! Jetzt geht es dir noch gut. Jetzt kommst du noch prima mit dem Papa aus. Aber in ein paar Jahren ist das vorüber!

Ich kann mich nämlich gut daran erinnern, wie ich mit dem Papa noch gut ausgekommen bin. Das war schön damals. Mit kleinen Kindern ist der Papa sehr lieb. Da spielt er Domino und baut mit den Legosteinen und erzählt Märchen. Und beim Spazierengehen war es auch immer sehr lustig. Er hat Verstecken mit uns gespielt und Nachlaufen. Und ich habe geglaubt, ich habe einen herrlichen Papa.

Ich kann mich nicht mehr erinnern, wieso eigentlich die Schwierigkeiten mit dem Papa angefangen haben, doch auf einmal hat ihm gar nichts mehr gepasst. Ich habe mich zu wenig gewaschen, ich habe unhöfliche Antworten gegeben, ich habe böse Freunde gehabt, ich habe zu lange Haare gehabt, zu dreckige Fingernägel. Mein Kaugummi hat ihn gestört. Meine Pullis waren ihm zu bunt. Meine Schulnoten waren ihm zu schlecht. Ich war zu wenig zu Hause. Und wenn ich zu Hause war, dann habe ich zu viel ferngesehen. Und wenn ich nicht ferngesehen habe, dann habe ich dazwischengeredet, wenn Erwachsene gesprochen haben. Und wenn ich nicht dazwischengeredet habe, dann habe ich Sachen gefragt, die mich nichts angehen. Und wenn ich gar nichts getan habe, dann hat er mir vorgehalten, dass ich gar nichts tue, sondern nur herumlümmle.

Martina sagt, bei ihr war es genauso. Sie meint, das kommt davon, weil der Papa nicht begreifen kann, dass Kinder normale Menschen sind, die eigene Ansichten bekommen und selbständig sein wollen. Der Papa verträgt das nicht. Warum das so ist, weiß die Martina auch nicht.

Zehntes Kapitel oder Nr. 10
der Deutschlehrergliederung.

Ich gehe der Sache auf den Grund. Der Grund liegt tief unten. Nikis altes Sandspielzeug wird not-wendig. (Im wahrsten Sinn des Wortes: die Not wendend!)

Seit wir dem Kumi-Ori-König unsere Sachen entrissen haben, hat er Ruhe gegeben. Er ist, glaube ich, nun wirklich in Papas Zimmer geblieben. Zumindest hat man es nie mehr rascheln und knacken hören. Und Sachen haben uns auch keine mehr gefehlt.

Es war jetzt schon sehr warm und richtig Frühling. Einmal, am Nachmittag, der Opa war kegeln, da ist der Nik zu mir gekommen. Er hat mich gebeten, ich soll ihm die Schaukel im Nussbaum aufhängen. Martina war nicht zu Hause. Sie war beim Schestak Titus, Nachhilfestunden geben. Der Titus, hat die Martina gesagt, der ist wirklich eine Schwerarbeit. Der begreift nicht so leicht wie ich. Und außerdem hört er ihr gar nicht zu. Sie redet und redet und erklärt ihm, dass minus mal minus plus ergibt, und er sitzt da und nickt, und dabei denkt er wahrscheinlich an ganz was anderes. Wenn sie ihn dann fragt, was nun minus mal minus ist, dann schaut er sie verwundert an und weiß es nicht.

Ich habe also dem Nik die Schaukel montiert. Und dann bin ich bei ihm geblieben und hab der Schaukel Stöße gegeben, weil der Nik von allein nicht hoch kommt.

Plötzlich fragt mich der Nik: «Seid ihr noch immer böse auf den lieben König?»

Ich habe gesagt: «Nik, tu mir den Gefallen und red nicht von dem Gurkenschädel, sei ein guter Bruder!»

Aber der Nik war kein guter Bruder. Er hat dauernd vom Gurkinger gequatscht. Dass der Gurkinger so gern ein rotes Cape hätte, weil er in einem Märchenbuch vom Nik einen Märchenkönig gesehen hat, einen mit einem roten Cape. Und so eins will er jetzt haben. Und dass die Martina vielleicht dem Gurkinger so ein Cape nähen könnte, weil der Nik dem Gurkinger eine Freude machen will, weil der Gurkinger nämlich so arm ist und immer weinen muss.

«Weißt du, Wolfi», hat der Nik gesagt, «der arme König ist ganz durcheinander. Er hat doch geglaubt, die Untertanen werden ihn zurückholen. Aber die Untertanen kommen und kommen nicht. Jetzt ist der König doch schon so lange bei uns! Die Untertanen sind wirklich gemein, gelt?»

Ich habe die Schaukel losgelassen und bin weggegangen. Eigentlich wollte ich in den Schwimmverein gehen, aber dann ist mir eine Idee gekommen. Ich hab mir gedacht: Ich werd jetzt einmal erforschen, ob der Kumi-Ori die Wahrheit erzählt. Ob in dem unteren Keller überhaupt Kumi-Ori-Untertanen leben?

Ich hab mich gewundert, wieso ich nicht schon früher auf den Gedanken gekommen bin.

Ich bin ins Haus gegangen. Ich bin leise an der Küchentür vorbeigeschlichen. In der Küche war die Mama. Ich wollte nicht, dass sie mich in den Keller gehen sieht.

Ich machte vorsichtig die Kellertür auf. Dann knipste ich das Kellerlicht an und schloss die Kellertür hinter mir. Ich stieg die Stufen hinunter. Im oberen Keller war alles wie sonst: Die Stellagen mit Opas Werkzeug, Niks Dreirad und die vielen Marmeladengläser.

Dann ging ich zur unteren Kellertür. In der unteren Kellertür ist unten ein Viereck ausgesägt, so ungefähr fünfzehn mal fünfzehn Zentimeter groß. Der Opa hat mir erklärt, dass das sicher für eine Katze gedacht war. Wahrscheinlich hat der vorige Hausbesitzer eine Katze gehabt und das Loch in die Kellertür geschnitten, damit die Katze ein- und auskriechen kann.

Jetzt war aber das Katzenloch verstopft, mit so komischen Erdklumpen und Bröckchen. Vor ein paar Monaten, als ich das letzte Mal im Keller war, war das Loch noch offen. Ich habe versucht, die Tür zum unteren Keller aufzumachen. Die Tür ist nicht aufgegangen. Laut rütteln wollte ich nicht, damit mich der Nik oder die Mama nicht hören. Ich habe aus Opas Werkzeugkasten eine lange, spitze Feile genommen. Ich fuhr mit der Feile zwischen Tür und Türrahmen. (Mein Physiklehrer hätte gesagt: Er verfuhr nach den Gesetzen der Hebelwirkung!)

Die Hebelwirkung funktionierte, das Schloss krachte aus der Tür. Aber die Tür ging noch immer nicht auf. Ich zog und zerrte. Ich brachte sie ein kleines Stückchen auf, aber höchstens drei Zentimeter weit. Die Tür war nämlich zugeklebt. Zwischen Türrahmen und Tür zogen sich lauter klebrige, braune Fäden. Die Tür musste erst vor kurzer Zeit zugekleistert worden sein, sonst wären die Fäden nicht so feucht gewesen. Und außerdem war deutlich zu sehen, dass die Tür von der Innenseite, von der unteren Kellerseite her, zugeklebt worden war.

Ich nahm die große Gartenschere von Opas Stellage und schnitt alle klebrigen Fäden durch.

Dann ging die Tür auf.

Für den unteren Keller haben wir kein elektrisches Licht. Ich knipste die Rennautotaschenlampe vom Schlüsselbund an und stieg in den unteren Keller hinunter. Die Stufen waren feucht und glitschig. Und die Wände waren auch ganz feucht. Die Kellerstiege war sehr lang. Ich zählte die Stufen. Es waren siebenunddreißig, siebenunddreißig sehr hohe Stufen. Dann stand ich in einem ziemlich großen Raum. Ich leuchtete die Wände mit der Taschenlampe ab. Das sah unheimlich aus, weil die Wände nicht glatt und eben waren, sondern viele Buckel und Vorsprünge und Risse hatten und das Licht von der Taschenlampe sonderbare Schatten darauf warf.

Ich entdeckte unten am Boden, dort, wo die Wände aufhören, lauter Löcher. Die Löcher hatten einen Durchmesser von ungefähr fünfzehn Zentimetern. An einer Wand war in Kniehöhe ein großes Loch mit einem Durchmesser von ungefähr fünfzig Zentimetern. Und am Rand dieses Loches waren merkwürdige Verzierungen aus lauter kleinen Erd- oder Lehmkugeln. Und winzige Kieselsteine waren dazwischen und kleine Schneckenhäuser.

Ich leuchtete in das verzierte Loch hinein. Da war ein langer, ebenfalls mit Steinchen, Schneckenhäusern und Erdwurzeln verzierter Gang. Und dahinter war ein kleineres Loch. Doch das sah ich nicht so deutlich, weil mein Taschenlampenlicht nicht so weit reichte.

Ich legte mich auf den feuchten Boden und leuchtete in eines der niedrigen, kleinen Löcher. Ich hörte es darin ra-

scheln und glaubte, etwas herumhuschen zu sehen. Ganz sicher war ich mir nicht. Es kam mir auch vor, als ob es hinter mir raschelte. Ich stellte mich in die Mitte des Kellerraums und sagte: «Hallo! Ist da jemand, bitte?»
Es hat wieder geraschelt.
Ich sagte noch einmal: «Hallo, hallo.» Dabei bin ich mir unwahrscheinlich blöd vorgekommen. Der Keller hat ein Echo gehabt. Das Echo hat noch zweimal «hallo, hallo» gemacht. Ich habe mich gewundert, dass ich gar keine Angst hatte.
Hinter den Löchern hat es geraschelt und geknistert, und ein Geflüster hat man auch hören können.
Ich habe ganz langsam und ganz ruhig gesagt: «Ich bin euer Freund! Ich will euch kein Leid tun!» Ich bin mir noch blöder vorgekommen. Ich hab mir gedacht: Das klingt, als ob ich ein Missionar im Urwald bin!
Dann ist mir eingefallen, dass die Kumi-Ori-Untertanen die normale Sprache vielleicht nicht verstehen. Ich habe es so versucht: «Wir ist ihres Freunden! Wir wollen nix Leiden antuen sie, Kumi-Ori-Untertänigst!»
Das Geflüster hinter den Löchern ist lauter und ein richtiges Gemurmel geworden.
Ich habe gerufen: «Sie kommst doch herausen! Ihniges nix wird geschehen!»
Da hat eine hohe Stimme plötzlich aus einem Loch gebrüllt: «Sie Trottel! Hören Sie mit der blöden Rederei auf. Mit uns kann man normal reden!»

Blöder wie ich mir jetzt vorgekommen bin, kann sich keiner vorkommen. Ich hab gestottert: «Entschuldigen Sie, aber wir haben einen bei uns in der Wohnung, der redet so komisch, und da hab ich gedacht ...»

Im großen Loch war plötzlich lautes Gemurmel. Dann sind vorne beim Lochrand fünf kleine Köpfe aufgetaucht. Sie haben alle dem Kumi-Ori-König ähnlich gesehen, aber sie waren nicht gurken-kürbis-farben, sondern kartoffel-braun-grau. Ich habe sie mit meiner Taschenlampe angeleuchtet, da haben sie geblinzelt und sich die Hände vors Gesicht gehalten. Ihre Hände waren nicht so winzige Zwirnhandschuhhändchen wie die vom Gurkinger. Ihre Hände waren, verglichen mit ihrem Kopf, richtig große, braungraue Patschhände, mit breiten, dicken Fingern.

«Was willst du von uns?», hat einer von den fünfen gesagt.

«Wir haben Ihren König oben», habe ich geantwortet.

«Erstens wissen wir das», hat der eine von den fünfen gesagt, der ganz links stand.

«Und zweitens ist er nicht mehr unser König», hat der Nächste gesagt.

«Und drittens soll er hingehen, wo der Pfeffer wächst», hat der Mittlere gesagt.

«Und viertens haben wir viel zu tun. Stör uns also nicht», hat der vierte gesagt.

«Und fünftens sind wir gern ungestört und haben keine Lust, uns besichtigen zu lassen!», hat der Letzte gesagt.

Mir ist nicht eingefallen, was ich darauf sagen sollte, aber weil ich mit den Kumi-Oris weiterreden wollte, habe ich gefragt: «Kann ich Ihnen vielleicht irgendwie behilflich sein? Sie sind mir nämlich viel sympathischer als der Gurken-König, ich würde gern etwas für Sie tun!»

Da war es einen Augenblick lang still. Dann hat es aus allen Löchern geschnattert. Die fünf Kumi-Oris im großen Loch haben ihre Köpfe zusammengesteckt. Sie haben miteinander geflüstert. Nachher hat der Mittlere gerufen: «Ich bitte um einen Moment Ruhe! Ruhe, bitte! Ruhe!»

In den Löchern ist es still geworden.

Der Mittlere hat gesagt: «Kumi-Ori-Bürger! Wollt ihr dem Buben trauen?»

Aus den Löchern sind graubraune Kumi-Ori-Köpfe herausgekommen und haben mich angestarrt. Ich habe mein freundlichstes Gesicht gemacht, habe gegrinst wie ein Lamm und bin mir schon wieder wie ein Missionar im Urwald vorgekommen. Die Kumi-Ori-Bürger haben mich aufmerksam betrachtet. Sie haben wohlgefällig gemurmelt.

«Sollen wir ihm vertrauen?», haben die fünf im großen Loch gefragt.

Aus allen niedrigen Löchern hat es «ja, ja» gerufen.

Ich war stolz auf den guten Eindruck, den ich bei den Kumi-Oris erzeugt habe.

«Gut», hat einer von den fünfen gesagt, «wir vertrauen ihm.»

Die fünf sind aus dem großen Loch gesprungen. Sie sind zu mir gekommen und haben mir die Hand gegeben. Sie haben harte, kräftige Hände gehabt. Überhaupt nicht wie Hefeteig. Die Kumi-Oris aus den kleinen Löchern sind auch herausgekommen. Ich war von Kumi-Oris umringt. Sie waren alle graubraun, und sie waren kleiner und dünner als der Gurkinger, doch ihre Hände und ihre Füße waren viel größer als die vom Gurkinger.

Ich habe gefragt, was ich für sie tun kann.

Ein Kumi-Ori hat mir gesagt, sie würden Werkzeuge brauchen. Sie haben gehört, dass es oben auf der Erde Werkzeuge gibt. So etwas hätten sie gern, weil sie selber dauernd alles mit den Händen machen müssen: graben und ausstechen und mischen und alles. Und ein paar Nägel hätten sie gern. Und vielleicht auch ein paar Stücke Draht. Sie brauchen das alles. Sie müssen eine Schule für die Kumi-Ori-Kinder bauen, und ein Rathaus müssen sie bauen und einen Sportplatz. Und die Kellerkartoffelfelder müssen sie umstechen.

Früher, hat mir ein anderer Kumi-Ori-Bürger erzählt, früher, als der Gurkinger noch König war, da haben sie nämlich weder eine Schule noch ein Rathaus, noch einen Sportplatz gehabt. Sie haben dauernd dagesessen und haben die Erde zu kleinen Klümpchen gekaut, und daraus haben sie dem Gurkinger einen Riesenpalast bauen müssen. Die Kumi-Ori-Spucke ist wie Kleister, damit halten die Erdbrocken zusammen. Den Gurkinger-Palast haben sie mir nicht zeigen können, weil der in der Mauer drinnen, hinter dem großen Loch war. Aber ein Kumi-Ori hat auf die Verzierungen um das Loch herum gezeigt und hat gesagt: «Allein daran haben drei Generationen meiner Familie ihr Leben lang gearbeitet!»

Solange die Treppeliden Herrscher waren, haben die Kumi-Ori-Kinder nicht in die Schule gehen dürfen. Nur die Kinder von den Kellerlingen und Kellerschranzen haben eine Schule gehabt. Und auf den Kellerkartoffelfeldern haben die Kumi-Oris gerade nur so viele Kellerkartoffeln anbauen dürfen, dass sie nicht verhungern. Die ganze andere Zeit haben sie dem König für seinen Palast Verzierungen kauen und spucken müssen.

Wieder ein anderer Kumi-Ori-Bürger hat mir erzählt, dass sie deswegen jetzt so viel Arbeit haben, weil sie so viel nachholen müssen. Es fehlt ihnen überall und an allem.

Aber sie werden es schon schaffen, haben die fünf aus dem großen Loch gesagt.

Ich bin in den oberen Keller gelaufen und hab zusammengepackt, was mir für die Kumi-Oris brauchbar vorgekommen ist. Ich hab dreimal einen Berg voll Sachen hinuntergeschleppt.

Am meisten haben sie sich über Niks Sandspielzeug gefreut. Sie waren ganz begeistert davon. Sie haben gesagt, ich kann sie ruhig wieder einmal besuchen. Und sie verdanken mir viel. Einer hat sogar gesagt, sie werden mir ein Denkmal machen. Aber da haben die anderen geschrien,

Denkmäler sind jetzt bei ihnen abgeschafft. Und ich habe erklärt, dass ich kein Denkmal brauche und Niks Spielzeug ja nichts mehr wert ist. Er hat sowieso ein neues Sandspielzeug.

Als ich aus dem Keller nach oben gekommen bin, war ich ganz dreckig und verstaubt. Die Mama hat gesagt, ich rieche auch so mufflig und schlecht. Sie wollte wissen, wo ich war. Ich habe nichts gesagt, weil sie das nur wieder aufgeregt hätte.

Der Martina habe ich aber alles erzählt, und wir haben beschlossen, überall alte Sandspielzeuge einzusammeln, bei Freunden und so. Ich habe die Martina gefragt: «Was sagen wir denn, wenn uns die Leute fragen, wozu wir das Zeug brauchen?»

Die Martina hat gelacht. «Wir sagen, das ist für die armen Negerkinder! Das glauben sie sicher!»

Elftes Kapitel oder Nr. 11
der Deutschlehrergliederung.

Meine grauen Zellen drehen angeblich durch.
Ich habe gar nicht gewusst, wie sehr die Menschen
Neger mögen. Ich verstopfe einen Abfalleimer.
Mama erfährt nichts von uns. In diesem Kapitel
verliert zur Abwechslung Opa die Nerven.

In der Schule haben die Jungen aus meiner Klasse gesagt:
«Der Wolfgang Hogelmann, der dreht durch!» Erstens,
weil ich auf einmal rechnen kann. Und zweitens, weil ich
alle gebeten habe, mir ihre alten Sandspielzeuge zu bringen.

Der Huber Erich, der es immer mit der Psychologie hat, hat gesagt, das ist ihm ganz klar. Er hat erklärt: «Dem Wolfgang sein Hirn ist jetzt mit Rechnungen voll. Alle Zellen, alle kleinen, grauen Zellen rechnen, rechnen wie verrückt. Aber das tun sie nicht gern. In Wirklichkeit würden sie viel lieber etwas anderes tun. Und deswegen bekommen seine kleinen, grauen Zellen Sehnsucht nach der Kinderzeit, wo sie nicht rechnen mussten. Und die grauen Zellen befehlen jetzt dem Wolfi, er soll Sandspielzeug sammeln. Sie wollen, dass sich der Wolfi wieder wie ein Kleinkind benimmt. Dann brauchen sie nämlich nicht mehr zu rechnen!» Alle haben darüber gelacht. Aber wenn ich ihnen erzählt hätte, warum ich in Wirklichkeit die Sandspielzeuge haben will, dann hätten sie sicher noch mehr gelacht, und sie hätten mich für total verrückt gehalten.

Der Titus Schestak übrigens, der hat mir sechzehn funkelnagelneue Sandgarnituren angeschleppt. Alle von seiner Schwester. Die ist ein Konsumtrottel-Kind. Jede Woche bekommt sie ein neues Sandspielzeug, weil sie so danach schreit. Die Frau Schestak hat gesagt, sie lässt sich nicht wegen zwanzig Schilling pro Woche – so viel kostet ein Sandspielzeug – die Nerven ruinieren.

Jedenfalls habe ich sechsunddreißig Eimer-Schaufel-Rechen-Garnituren einkassiert. Ich habe mir vom Hausmeister einen großen Plastiksack ausgeborgt. Darin habe ich die Sachen nach Hause tragen wollen.

Auf dem Nachhauseweg bin ich einer dicken Frau begegnet. Die dicke Frau hat mich gefragt, was ich denn mit dem Riesensack Sandspielzeug will. Ich habe leider geantwortet, dass das eine Sammlung für die armen Negerkinder ist. Die dicke Frau hat gefunden, es ist reizend von mir, für die Neger zu sammeln. Und sie will auch ihr Scherflein beitragen, hat sie erklärt.

Sie hat mich in ein großes Haus geschleppt, und ich habe hinter ihr in den fünften Stock hinaufkeuchen müssen. Sie hat mich durch ein altmodisches Vorzimmer in ihre Küche geführt. Dort hat sie eine lange Sitzbank gehabt, die eigentlich eine Kiste war. Sie hat den Sitzbank-Kistendeckel aufgemacht und Unmengen von Kram herausgeräumt: Fetzen, alte Socken, eine Eieruhr, eine Wäscheleine, Plastikeimer, leere Senfgläser, Dreckwäsche, einen Strohhut und einen alten Teddybären und noch viel grausliches Zeug. Dabei hat sie zu mir gesagt: «Da müssen doch meinem Hansi seine Sandspielsachen drin sein! Sie haben doch zehn Jahre lang da drin gelegen!»

Zwischendurch hat sie mir auch Fotos von ihrem Hansi gezeigt. Eins, wo er mit dem Sandspielzeug in einem Sandkasten sitzt, eins, wo er zur Firmung geht, und eins, wo er heiratet, und eins, wo er einen neuen kleinen Hansi auf dem Arm hält.

Und dann hat sie wieder weitergesucht und gemurmelt: «Ja, ja, man muss gute Werke tun! Gute Werke tun! Für die armen Neger!» Und: «Die haben ja so viel Sand in der Wüste, und keinen Eimer und keine Schaufel!»

Endlich war die Sitzbank leer. Das Sandspielzeug war nicht drin. Ich wollte schnell weggehen, weil ich ja eigentlich überhaupt nicht hab mitgehen wollen, aber die Frau hat mich nicht fortgelassen. Sie wird für die Negerlein etwas anderes suchen, hat sie gemeint. Ich habe erklärt, dass wir nur für die Sandsachen zuständig sind, aber sie hat sich nicht darum gekümmert. Sie hat mir den alten Teddy unter den Arm gedrückt. Sie hat gesagt, ich soll nicht so bescheiden sein, sie gibt von Herzen gern, wenn es um die Neger geht.

Eine Zeit lang war noch eine andere Frau in der Küche. Die wollte sich ein Ei borgen. Anscheinend hat sie von meiner Sammlung gehört. Wie ich mit dem Teddy und meinem Plastiksack über die Treppe gehe, sind alle Türen aufgegangen, und die Leute haben mir Sachen für die Neger gebracht. Ich hab mich gewehrt, aber es hat nichts genützt. Aus allen Türen hat es nach Mittagessen gerochen. Ich habe schon einen großen Hunger gehabt.

Als ich endlich draußen war, hab ich nicht nur das Sandzeug und den Teddy, sondern auch noch drei Puppen ohne Augen gehabt und zwei ohne Haare und eine ohne Arme; eine Eisenbahn ohne Räder, einen grauen Pyjama, ein Mensch-ärgere-dich-nicht ohne Würfel, ein Paket Trockenmilch, ein Bilderbuch mit den kleinen Negerlein und ein Paar alte Hausschuhe. Sie haben mir das Zeug in alte Plastiktüten gepackt. Ich hätte die Tüten gern hinter dem Haustor stehen lassen, doch leider hat mich die Hausmeisterin auf die Gasse begleitet. Ich bin mit den Tüten die Straße hinuntergewankt. Die Tüten sind an allen Enden und Ecken geplatzt und zerrissen. Das Gerümpel ist überall herausgekommen. Ich habe noch dreimal versucht, das Zeug stehen zu lassen, doch immer ist mir einer nachgelaufen und hat geschrien: «Aber, aber du bist mir ein verträumter Bursche! Hast ja deine Sachen stehen lassen!»

Ich habe dann «danke» gesagt und meinen Kram wieder geschnappt. Aber sonderbar ist das schon! Vor einer Woche sind mir zwei Fünfschillingstücke aus der Tasche gefallen. Da ist niemand hinter mir hergekeucht, um sie mir zu bringen!

An unserer Gartentür hat die Mama gestanden. Sie hat nach mir Ausschau gehalten, weil ich so spät dran war. «Mit dem Zeug», hat sie gesagt, «kommst du mir nicht ins Haus!»

Ich habe ihr vorgehalten, dass sie etwas gegen Negerkinder hat. Sie boykottiert die Negersammlung, habe ich gesagt. Die Mama hat die Hose vom grauen Pyjama aus einer Tüte gezogen. Das eine Hosenbein war lange Zeit zum Schuhputzen verwendet worden. «Die Negerkinder», hat die Mama gesagt, «die Negerkinder pfeifen auf so ein Dreckszeug!»

«Da hast du Recht», habe ich geantwortet und den Kram in den großen Abfalleimer gestopft. Die Sandspielzeuge natürlich nicht.

Die Mama hat runde Augen gemacht. Sie hat gemeint, so

blöd kann doch keiner sein, dass er nur deswegen sammeln geht, um den Abfalleimer seiner Mutter zu verstopfen.

In dem Moment ist die Martina nach Hause gekommen, und Mamas Augen wurden noch runder, weil die Martina auch einen Plastiksack mit Sandzeug geschleppt und gerufen hat: «Ich hab siebzehn Stück!»

«Ich hab sechsunddreißig», habe ich stolz erklärt.

«Da haben wir dreiundfünfzig», hat die Mama gesagt, «da können jetzt die Negerkinder die Wüste Sahara umgraben!»

Sie ist kopfschüttelnd ins Haus gegangen.

Ich habe die Sandzeugsäcke gepackt und bin damit in den Keller gegangen. Martina hat oben bei der Kellertür Schmiere gestanden. Über die untere Kellerstiege bin ich runtergesaust, weil sie so glitschig war. Ich hab mir aber nicht wehgetan, weil ich auf die Plastiksäcke gefallen bin. Ich bin gleich zum großen Loch gegangen und habe hineingerufen: «Ich habe dreiundfünfzig Garnituren Werkzeug hier!»

Die Kumi-Oris sind aus ihren Löchern gekommen. Sie haben sich gefreut. Sie haben die Plastiktüten bestaunt und sich erkundigt, was das für ein Material ist. Ich habe gesagt, das erkläre ich ihnen ein anderes Mal, weil ich zum Mittagessen muss und mich meine Mutter sonst sucht und ich nicht will, dass sie sich um den unteren Keller kümmert.

Die Kumi-Oris wollten auch nicht, dass sich meine Mutter um den unteren Keller kümmert. Einer hat zu mir gesagt: «Ja, ja, da hast du Recht! Wir haben genug innere Schwierigkeiten, wir können nicht auch noch einem Druck von außen standhalten!»

Ich habe gefragt, ob ich das nächste Mal meine Schwester mitbringen darf. Sehr begeistert waren die Kumi-Oris nicht davon, aber sie haben gesagt, wenn sie ungefähr so ist wie ich, dann werden sie sie schon aushalten.

Ich bin aus dem Keller hinaufgestiegen. Die Martina hat noch Wache gehalten. Die Luft war rein. Ich habe einen Bärenhunger gehabt und mich sehr auf das Mittagessen gefreut.

Der Opa und der Nik waren nicht zu Hause. Sie waren auf einer Modelleisenbahn-Ausstellung. Der Nik hat ja schon viel früher Schule aus als die Martina und ich.

Wir haben Spaghetti zum Mittagessen gehabt. Wenn wir Spaghetti haben, schimpft die Mama meistens mit uns. Sie sagt, wir fressen wie die Säue, weil wir die Nudeln nicht wickeln, sondern vom Teller hochschlürfen. Das ist aber die Freude am Spaghetti-Essen.

Die Mama ist beim Essen überhaupt komisch. Sie will nicht, dass man beim Essen von den normalsten Sachen redet. Nicht einmal, dass man Bauchweh hat, darf man da sagen. Und schnäuzen darf man sich auch nicht, weil ihr da graust. Aber heute hat die Mama nicht mit uns geschimpft, obwohl wir eine Nudelschlürforgie gemacht haben. Die Mama hat uns gefragt: «Wo habt ihr denn die Sandspielzeuge hingetan? Im Garten sind sie nicht mehr!»

«Sie sind hinten im Garten», habe ich gelogen.

«Nein, dort sind sie nicht!», hat die Mama gesagt.

Martina hat ihren Nudelbart im Mund verschwinden lassen und hat gemurmelt: «Ich habe sie in mein Zimmer getragen!»

«Nein, das hast du nicht!», hat die Mama gerufen.

«Dann hat uns doch glatt einer die Sachen gestohlen», habe ich entrüstet gesagt.

«Wer denn?», hat die Mama gefragt.

«Die Negerkinder wahrscheinlich», hat die Martina gesagt.

Die Mama wurde böse. Sie hat gemeint, sie ist eine gute Mutter und wir haben allen Grund dazu, ihr die Wahrheit zu sagen. Wir haben gesagt, dass sie wirklich eine gute Mutter ist, aber das ist kein Grund, ihr alles zu sagen. Und weil die Mama eine gute Mutter ist, hat sie das auch verstanden.

Wir haben dann das Geschirr abgetrocknet, damit die Mama merkt, dass wir gute Kinder sind. Da ist der Opa mit dem Nik nach Hause gekommen. Es waren sehr schöne Eisenbahnzüge auf der Ausstellung, hat der Nik erzählt.

Die Mama wollte dem Opa Spaghetti geben, aber der Opa hat gesagt, ihm ist der Appetit vergangen. Er will nichts essen. Der Opa hat ganz blass und krank ausgeschaut. Und seine linke Hand hat gezittert. Und sein schiefer Mund hat gezuckt. Das tut der Mund nur, wenn sich der Opa sehr aufgeregt hat.

Der Opa ist in sein Zimmer gegangen, er wollte einen Mittagsschlaf halten.

Die Mama hat den Nik gefragt: «Hast du den Opa geärgert?»

Der Nik hat gesagt, er hat den Opa nicht geärgert, aber der Opa ist den ganzen Heimweg über schon so komisch gewesen, obwohl ihm der Nik lauter wunderbare Sachen erzählt hat. Der Opa hat sogar zum Nik gesagt, er geht vielleicht in ein Altersheim, weil wir keine Familie, sondern nur mehr ein Narrenhaus sind.

«Lieber, kleiner Bruder», hat die Martina den Nik gefragt, «was hast du denn dem Opa für wunderbare Sachen erzählt?»

Der Nik hat geantwortet: «Lauter wirklich wunderbare Sachen! Dass wir bald einen großen amerikanischen Wagen haben werden, einen Chevrolet! Und eine Zentralheizung lassen wir uns bauen! Und ich bekomme ein Fahrrad mit zehn Gängen! Und im Garten bauen wir uns ein geheiztes Schwimmbecken!»

«Blödmann!», hab ich gesagt.

«Gar nicht Blödmann!», hat der Nik gerufen. «Wirst schon sehen! Und wenn du braver wirst, dann darfst du auch in unserem Schwimmbecken baden!»

«Werden wir in der Lotterie gewinnen?», hat sich die

Mama erkundigt. «Oder gehen wir eine Bank ausrauben?»
«Nein», hat der Nik gesagt, «nein, ich glaube, das werden
wir nicht tun. Warum denn?»

«Und woher nehmen wir dann das Geld fürs Auto und
fürs Schwimmbad und fürs Zehngangrad und für die Zentralheizung?», hat die Martina den Nik gefragt.

Das, hat der Nik gesagt, das darf er uns leider nicht sagen.
Er hat uns sowieso schon viel zu viel vom Geheimnis verraten. Er kann uns nur noch verraten, dass wir bald alle
sehr stolz auf den Papa sein werden und einsehen, wie Unrecht wir dem armen Papa getan haben.

Bei mir im Hirn hat es geklingelt. Ich hab mir zwar nicht
genau vorstellen können, was der Nik meint, aber woher
der Wind weht, hab ich mir denken können.

«Sag einmal, Brüderlein», habe ich gefragt, «hast du dem
Opa mehr von deinem Geheimnis erzählt?»

Der Nik ist rot geworden.

«Ich hab dem Opa fast das ganze Geheimnis gesagt. Aber
nur, weil ich bei den Eisenbahnen vergessen hab, dass es
überhaupt ein Geheimnis ist. Aber der Opa hat mir versprochen, dass er das Geheimnis nicht weitererzählen
wird. Euch auch nicht!»

Die Mama hat geseufzt. Die Martina wollte, dass die
Mama den Nik dazu zwingt, uns das Geheimnis zu sagen. Der Nik geht nämlich leicht zu zwingen. Man hätte
ihm nur zu sagen brauchen: «Gut, mich interessiert dein
Geheimnis sowieso nicht. Du interessierst mich über-

haupt nicht! Und ich werde die nächsten drei Tage kein Wort mit dir reden!» Dann hätte der Nik gleich alles gesagt.

Die Mama hat aber gemeint, das gleiche Recht gilt für alle, und sie hat uns ja auch nicht gezwungen zu sagen, wo die dreiundfünfzig Sandspielzeuge hingekommen sind und was der Blödsinn mit der Negersammlung soll. Aber, hat die Mama gesagt, das Wichtigste ist, dass wir in der nächsten Zeit ganz freundlich und milde zum Opa sind. Sonst bekommt er wieder einen Schlaganfall. Wenn sein Mund zuckt und seine linke Hand zittert, so ist das ein Alarmzeichen, hat der Arzt gesagt.

Der Nik war wirklich eine Nervensäge. Jetzt hat er wieder geplärrt, was mit den dreiundfünfzig Sandspielzeugen ist. Und er will auch eine Negersammlung haben. Und wir sollen keine Geheimnisse vor ihm haben!

«Du hast ja auch ein Geheimnis vor uns!», habe ich ihm gesagt.

«Aber ich habe doch so fest versprochen, es niemandem zu sagen», hat der Nik geschluchzt.

«Wem hast du es denn versprochen?», hat die Mama gefragt.

Der Nik hat verzweifelt geschaut. Er hat nicht gewusst, ob das auch schon ein Teil vom Geheimnis ist.

«Hast du es dem Papa versprochen?», habe ich geforscht. «Oder dem lieben König?»

Der Nik hat den Mund fest zusammengepresst. Doch ich

habe ihm in die Augen geschaut. Der Nik ist ja noch so klein. Er kann sich schwer verstellen. Mit den Augen hat er genickt. Es war klar: Er hat es sowohl dem Papa als auch dem Gurkinger versprochen.

Die Mama hat gerufen: «Lasst doch den armen, kleinen Kerl in Ruhe! Er kennt sich sowieso schon nicht mehr aus im Leben!»

«Da ist er aber nicht der Einzige in unserer Familie, dem es so geht!», habe ich zur Mama gesagt. Aber den Nik habe ich in Ruhe gelassen. Ich habe nicht einmal gespottet, als er mit einer ausgewachsenen Kartoffel ins Zimmer von Papa gegangen ist.

**Im zwölften Kapitel kommt alles so
wirr durcheinander, dass eine Deutschlehrergliederung ganz unmöglich ist.**

*Sicher ist nur, dass ich in diesem Kapitel doch dem
Nik das Geheimnis entreiße. Was daraus folgt, ist
aber kein normaler Familienstreit mehr, sondern
ein ungeahnter Skandal!*

Ich habe keine Ruhe finden können. Ich habe mir den
Kopf zerbrochen, warum der Opa so gezuckt und gezittert hat. Ich bin zu Opas Zimmer gegangen und hab gehorcht, ob er schnarcht, nur dann schläft er. Da es im

Zimmer nicht geschnarcht hat, hab ich an die Tür geklopft.

Der Opa hat mir aufgemacht. Ich habe mich auf Opas Bett gesetzt und gesagt, ich möchte mit ihm reden. Ich will das Geheimnis vom Nik wissen, nicht aus Neugier, aber wenn der Opa deswegen so mit dem Mund zuckt, dann muss es ein fürchterliches Geheimnis sein, und dann muss man etwas dagegen tun.

Der Opa hat sich eine Zigarette angezündet. Er hat gesagt, der Nik hat ihm nur verworrenes Zeug erzählt. Der Opa hat sich dabei nicht genau ausgekannt. Aber das steht fest: Der Kumi-Ori-König platzt vor Wut, weil ihn die Untertanen nicht zurückgeholt haben. Er will die Untertanen vernichten – aus Rache. Aber das kann er nicht, weil er ja überhaupt nichts kann. Und darum hat sich der Papa bereit erklärt, für den Kumi-Ori-König die Sache zu erledigen.

Ich habe gefragt: «Was will er erledigen?» (Manchmal, wenn etwas ganz grauslich ist, bin ich schwer von Begriff.)

«Na, die Kumi-Oris im unteren Keller will der Papa vernichten!», hat der Opa gesagt.

«Nein», habe ich geschrien.

«Der Nik hat es behauptet!»

«Aber warum will er denn das? Sie haben ihm doch nichts getan! Sie bauen gerade ein großes Schulloch für ihre Kinder! Und sie wollen nichts anderes, als ein paar Sandspielzeuge haben und in Frieden leben!»

Ich habe dem Opa alles vom unteren Keller erzählt. Dann

habe ich den Opa noch einmal gefragt, warum der Papa so etwas Gemeines tun will.

«Weil der Kumi-Ori ihm dafür einen amerikanischen Wagen, eine Zentralheizung, ein Schwimmbad und was weiß ich noch schenken wird!»

«Aber der Kumi-Ori-König hat doch kein Geld!»

Der Opa hat mit den Schultern gezuckt. Er begreift das auch nicht, hat er gesagt. Aber er hat den Nik nicht so viel ausfragen wollen.

«Und wie will er sie ausrotten?», habe ich gefragt.

«Irgendwie mit Wasser», hat der Opa gemurmelt.

Ich habe mich dann mit der Martina besprochen. Wir waren uns einig, dass wir den Nik nicht mehr in Ruhe lassen können. Auch wenn uns die Mama darum gebeten hat. Ich habe den Nik in mein Zimmer geholt, und wir haben ihn bearbeitet. Ich auf die raue Tour, die Martina auf die sanfte. Ich habe gesagt: «Sag mir dein Geheimnis, oder ich hau dich grün und blau, du Knirps, du erbärmlicher!»

Martina hat geflötet: «Sag es doch deiner lieben Schwester, sonst redet deine liebe Schwester eine Woche lang kein Wort mit dir!»

Diesmal hat die Superdrohung nichts genützt. Der Nik hat den Mund gehalten. Da ist mir noch rechtzeitig die «Das-glaub-ich-dir-gar-nicht-Tour» eingefallen. Ich habe gesagt: «Der Kumi-Ori-König kann dem Papa gar nichts schenken, weil der fiese, kleine Kerl kein Geld hat!»

Darauf ist der Nik mir reingefallen. Er hat gerufen: «Der

Kumi-Ori-König braucht kein Geld dazu, weil der König einen Freund hat, den Kumi-Ori-Kaiser aus der Autoversicherung. Und der Kaiser hat Macht über den Generaldirektor von der Autoversicherung. Der Generaldirektor wird dem Papa zur Belohnung einen Direktorposten geben! Dann kann sich der Papa alles selber kaufen!»

Mir ist die Spucke weggeblieben. Die Martina ist wutweiß geworden. Und der Nik wurde grün vor Ärger, als er gemerkt hat, dass er sich verplappert hat.

«Und wie wird der Papa die Keller-Kumi-Oris ausrotten?», wollte die Martina wissen. Doch aus dem Nik war nichts mehr herauszubekommen. Da ist nur eine Möglichkeit geblieben: Wir haben den Nik gepackt und haben ihn in den Keller mitgenommen.

Ich habe gezischt: «So, du kleines unmenschliches Scheusal von einem Bruder, jetzt gehen wir die Untertanen besichtigen! Damit du sie kennen lernst, bevor dein guter Papa und dein guter König sie umbringen!»

Der Nik wollte nicht. Er fürchtet sich vor dem Keller, er fürchtet sich vor den bösen Untertanen, hat er gesagt. Er wird schreien, bis die Mama kommt. Er hat dann doch nicht geschrien, denn die Martina hat ihm den Mund zugehalten. Ich habe die große Taschenlampe mitgenommen. Wir haben den strampelnden Nik in den unteren Keller getragen. Er hat vom Kopf bis zu den Zehen gezittert. Ob aus Angst oder wegen der Kellerkälte, weiß ich nicht. Die Martina ist neben ihm stehen geblieben.

Ich bin zum großen Loch gegangen und habe hineingerufen: «Ich bringe euch meine Geschwister mit. Sie möchten euch kennen lernen!»

Die fünf Kumi-Oris sind aus dem großen Loch gekommen. Sie haben sich verneigt und «guten Tag, Freunde» gesagt. Die anderen Kumi-Oris sind auch aus ihren Löchern gekommen. Sie haben freundlich genickt. In den Händen haben sie Schaufeln und Rechen gehabt. Sie waren verschwitzt und fröhlich. Ein kleiner, runder, dunkelgrauer Kumi-Ori hat gerufen:

«Freund, sei gegrüßt! Dank deiner Schaufeln haben wir den Kindergarten heute fertig gemacht!»

Ein dünner, länglicher, Grauer hat mir erklärt: «Die Schule haben wir auch bald fertig!»

Und ein braun-grau Gefleckter hat gesagt: «Übermorgen stechen wir die Kellerfelder um, damit mehr und bessere Kartoffeln wachsen und unsere Kinder satt werden.»

Dann haben uns die Kumi-Oris das Schulloch gezeigt.

«Kinder, würdet ihr bitte einmal herauskommen», hat ein Kumi-Ori in das Loch hineingerufen.

Im Loch hat es gekichert und geraschelt. Dann sind eine Menge winzigkleiner, schneeweißer Kumi-Oris herausgekugelt. Sie hatten hellblaue Augen und rosarote Wangen und zartlila Münder.

Da hat der Nik gerufen: «Oh, sind die lieb! Die sind ja viel lieber als weiße Mäuse!»

«Die sind vor allem lieber als dein Gurkinger!», habe ich

zum Nik gesagt. Aber der Nik hat mich gar nicht gehört. Er hat sich auf den Bauch gelegt und hat mit den Kumi-Ori-Kindern zu spielen angefangen.

Die Kumi-Oris waren so heiter und so eifrig, da habe ich nicht gewagt, ihnen vom Papa und vom Gurkinger zu erzählen. Sie waren voller Pläne und voller Hoffnungen. Einer aus dem großen Loch hat mir erzählt: «In einem Jahr, Freund, wirst du unseren Keller nicht wieder erkennen!» Und dann hat er mir geschildert, was sie alles bauen und wie sie für das Essen sorgen werden. «Keiner bei uns wird mehr Hunger haben», hat er gesagt.

«Und unsere Löcher können wir mit deinem Werkzeug so gut bauen, dass wir im Winter nicht mehr frieren», hat ein anderer aus dem großen Loch gesagt.

Die Martina hat mich am Ärmel gezupft. Sie hat geflüstert: «Sag es ihnen doch!»

Ich habe mich geräuspert, aber ich habe nicht gewusst, wie ich damit beginnen soll. Außerdem habe ich mich für den Papa geschämt.

«Also, sag es schon», hat die Martina gedrängt.

«Was sollst du uns denn sagen, Freund», hat einer der fünf aus dem großen Loch gefragt.

Da habe ich nicht mehr anders gekonnt. «Mein Vater und der Gurkinger, der ehemalige König, die wollen euch ausrotten.»

Im Keller war es auf einmal ganz still. Die Kumi-Oris sind dicht aneinander gerückt. Wenn man nur flüchtig hingeschaut hätte, hätte man sie für einen Haufen großer Kartoffeln halten können. Ich habe aber nicht flüchtig, sondern sehr genau hingeschaut. Ich habe gesehen, dass sie Angst haben. Dann hat sich einer von den fünfen aus dem großen Loch zu mir durchgedrängt. Er hat gefragt: «Was haben dein Vater und der letzte Treppelide vor?»

Der Nik ist noch immer am Boden gelegen. Er hat zwei Kumi-Ori-Kinder in der Hand gehalten und ihnen zart auf die rosa Nasen gehaucht, und die Kinder haben gekichert.

«Nik, hör mir zu», habe ich gesagt, «du musst uns jetzt sagen, was der Papa und der Gurkinger vorhaben, damit wir etwas dagegen tun können. Sonst sind die lieben, kleinen, weißen Kumi-Oris bald tot.»

Der Nik hat sich aufgesetzt. Er hat ein paar Mal geschluckt. Er hat auf die kleinen Kumi-Oris in seiner Hand geschaut und hat gesagt: «Morgen oder übermorgen wollen sie im oberen Keller einen Wasserrohrbruch machen. Das Wasser wird in den unteren Keller rinnen und alles überschwemmen, die Wohnlöcher und so. Und die Kumi-Oris können nicht schwimmen, hat der König gesagt. Sie wollen es an einem Tag machen, wo der Papa frei hat. Der Papa wird dann zu Mittag in den oberen Keller gehen, und er wird dann so tun, als ob er den Rohrbruch entdeckt. Dann ruft er die Feuerwehr an, und dann kommt die Feuerwehr und pumpt den unteren Keller aus. Aber dann sind schon alle Kumi-Oris ertrunken!»

Der Kumi-Ori, der gefragt hatte, drehte sich zu den anderen um. Er sprach: «Bitte, Bürger, bewahrt Ruhe!»

Die Kumi-Oris standen aber sowieso ganz still. Sie waren hellgrau vor Schreck. Nur die kleinen weißen Kinder spielten weiter mit Nik.

«Bürger, wie können wir uns schützen?», fragte einer von den fünfen aus dem großen Loch.

Einer sagte: «Vielleicht könnten wir schwimmen lernen?»

Einer sagte: «Oder Boote bauen!»

Einer: «Oder die Kellertür fest verkleben?»

Doch sie kamen zu dem Ergebnis, dass das alles keinen Sinn hatte. So ein kleiner Kerl kann nicht von einem Tag auf den anderen schwimmen lernen. Außerdem hatten sie auch kein Wasser, wo sie es üben konnten. Man kann auch nicht so schnell so viele Boote bauen. Und die alte, morsche Tür so gut verkleben, dass kein Wasser durchkommt, das kann man auch nicht.

Martina schlug ihnen vor, für die Zeit der Überschwemmung in den oberen Keller zu ziehen. Dort könnten sie sich verstecken.

Die Kumi-Oris schüttelten die Köpfe. Einer erklärte: «Und wenn wir dann zurückkommen, ist alles kaputt. Der Kindergarten und die Schule! Alles! Der Boden ist voll Schlamm, und die Wohnlöcher sind verschüttet! Und die Kellerkartoffeln verfaulen in der Erde. Sie sind unsere einzige Nahrung! Wovon sollen wir dann leben?»

Ein kleiner, runder Kumi-Ori fragte mich: «Sag Freund, warum will dein Vater dem letzten Treppeliden helfen?»

Ich erzählte ihm vom Autoversicherungskaiser und dem Direktorposten.

Da entstand eine Riesenaufregung unter den Bürgern. Sie riefen: «Dieser lügnerische Schurke! Dieser verdammte Treppelide! Dieser gemeine Lügner!»

Und dann erfuhren wir von den Kumi-Oris, dass es auf der ganzen Welt keinen Kumi-Ori-Kaiser mehr gibt, nicht einmal mehr einen König. Sie sind die letzten gewesen, die ihren König verjagt haben.

Ein langer, dünner Kumi-Ori erklärte uns: «Kumi-Oris können in betonierten Kellern gar nicht wohnen. Sie brauchen Erde und Lehm und Feuchtigkeit. Und der Keller muss so tief sein, dass er kein Kellerfenster mehr hat.»

Ein getupfter Kumi-Ori sagte: «Über die Autoversicherungskeller weiß ich Bescheid! Ich bin vor zehn Jahren von dort geflohen. Dort ist alles aus Beton und trockengelegt. Man kann sich kein Loch graben, und man trocknet aus. Und Kellerkartoffeln wachsen dort keine mehr. Alle vernünftigen Kumi-Oris sind von dort weg. Nur ein paar sind geblieben. Die haben sich umgestellt. Sie sind völlig vertrocknet und schneeweiß. Sie fressen die alten Akten auf, die im Keller gestapelt sind. Sie wohnen in kleinen Hohlräumen zwischen den Aktenbergen und sind total übergeschnappt! Sie haben verlernt zu reden! Sie können nicht einmal mehr gehen! Sie kugeln durch den Keller und stoßen spitze Schreie aus. Außerdem springen sie oft hinter-einander her und versuchen, sich gegenseitig umzubrin-gen!»

Die anderen Kumi-Oris nickten.

«Die können dem Papa gar keinen Direktorposten ge-ben?», fragte der Nik.

«Die können ihm genauso wenig einen Direktorposten geben wie wir!», rief ein gestreifter Kumi-Ori.

Martina sagte: «Es wird euch nichts geschehen! Ich ver-bürge mich dafür! Entweder der Papa sieht ein, dass er sich geirrt hat, oder ...» Sie wusste nicht weiter.

«Oder wir hindern ihn daran», fuhr ich fort.

«Ehrenwort!», fügte Nik hinzu.

Dieses Versprechen beruhigte die Kumi-Oris. Sie bedank-ten sich bei uns voll Vertrauen. Den kleinen Kerlen kamen wir natürlich ungeheuer groß und mächtig vor. Sie glaub-ten sicher, es müsste für uns leicht sein, sie zu schützen. Sie kannten ja unseren Papa nicht.

Als wir die Kellertreppe hinaufstiegen, seufzte Martina. «Den Papa hindern! Als ob das so leicht wäre!»

Nik keuchte hinter uns über die hohen Stufen. Er sagte: «Na, klar ist das leicht! Wenn sonst nichts hilft, dann setze ich mich in den unteren Keller und bleibe unten! Dann kann der Papa keinen Rohrbruch machen! Mich will er doch nicht ersäufen!»

Wir waren im oberen Keller, da hörten wir Papas Auto in die Garage fahren.

«Auf in den Kampf!», sagte ich, und dann zu Nik: «Nik, halt dich besser aus dem Streit heraus!»

Nik schüttelte den Kopf. «Ich habe keine Angst vor dem Papa», meinte er.

Das hätte ich gerne auch sagen mögen.

In dem Augenblick, als wir die Kellertür aufmachten, machte Papa die Haustür auf. Die Haustür und die Kellertür sind genau gegenüber. Der Papa starrte uns an, aber er sagte nichts. Er hängte seinen Mantel und den Hut auf den Kleiderhaken. Weil er aber uns anstarrte und nicht auf den Kleiderhaken schaute, so hängte er den Mantel daneben und den Hut auch. Der Mantel und der Hut fielen auf den Boden. Der Papa merkte es gar nicht. Er starrte uns weiter an.

Martina sagte: «Wir kommen aus dem unteren Keller!» Der Papa sagte noch immer nichts. Da rief ich und erkannte dabei meine Stimme gar nicht wieder, weil sie so rau und heiser war: «Wir waren bei den Kumi-Oris und haben ihnen gesagt, was du vorhast!»

Nik schrie: «Du darfst sie nicht ersäufen. Sie haben weiße Kinder mit einem lila Mund!»

Der Papa hat noch immer nichts gesagt. Da ist die Mama aus der Küche gekommen. «Was ist denn los?», hat sie gefragt.

«Gar nichts», hat der Papa gemurmelt.

Da war es innen in mir so, als ob etwas zerplatzt. Ich habe losgebrüllt: «Gar nichts ist los! Außer, dass der Papa einen

Rohrbruch machen will! Und dabei wird er gar kein Direktor, weil es keinen Versicherungskaiser gibt! Weil dort alles aus Beton ist! Ganz umsonst will er die Kumi-Oris ersäufen!»

Und dann bin ich der Mama um den Hals gefallen und habe geschluchzt. Die Martina hat nachher gesagt, ich habe gezittert wie ein Presslufthammer. Die Mama hat mich gestreichelt und «aber, aber, aber ...» gesagt.

Langsam habe ich mich beruhigt. Ich habe Mamas Hals losgelassen. Die Martina hat auf den Papa eingeredet. Ich bin ihr zu Hilfe gekommen und hab auch auf den Papa eingeredet, und der Nik auch. Wenn man so aufgeregt ist, wie wir es waren, dann fällt einem leider nur die Hälfte von dem ein, was man sagen will, dafür sagt man es aber doppelt so laut. Darum ist es uns auch nicht gelungen, den Papa auf vernünftige Art zu überreden.

Dann hat auch noch die Mama dazwischengebrüllt, dass sie kein Wort versteht und was der Unsinn mit dem Rohrbruch soll.

Der Opa ist dazugekommen.

Er hat der Mama erklärt, um was es geht, und zwischendurch haben wir dem Opa die Sachen erzählt, die er noch nicht gewusst hat.

Und wieder dazwischen haben wir dem Papa sehr laut gesagt, was wir von ihm halten. Und als die Mama alles kapiert hat, hat sie dem Papa auch gesagt, was sie von ihm hält, wenn er ein Wasserrohr anbohrt. Und der Opa hat gesagt, er weiß gar nicht, was er bei der Erziehung vom Papa falsch gemacht hat.

Der Gurkinger ist übrigens auch ins Vorzimmer gekommen. Aber er ist hinten bei der Wohnzimmertür stehen geblieben. Er hat sich in die ganze vermischte Familienstreiterei nicht hineingetraut. Er hat dem Papa zugewunken, und einmal habe ich gehört, wie er geflüstert hat: «Herren Hogelmann, komm er doch! Er doch nix glaubt allem!»

Aber der Papa hat den Gurkinger gar nicht bemerkt. Der Papa hat übrigens noch immer nicht geschrien gehabt. Nicht einmal ein Wort hat er gesagt.

Dann hat sich der Papa gebückt. Er hat seinen Mantel und seinen Hut vom Boden aufgehoben. Er ist in den Mantel geschlüpft und hat den Hut aufgesetzt. Dann ist er zwischen uns durch zur Haustür gegangen. Dann ist er aus dem Haus hinaus. Nicht einmal die Tür hat er zugeknallt.

Wir haben noch eine Zeit lang still im Vorhaus gestanden. Wir haben die Garagentür aufgehen und das Auto wegfahren hören.

Die Mama hält immer alles Gute für möglich. Sie sagt, sie ist eine Optimistin. Diesmal war die Mama auch eine Optimistin. Als Papas Auto aus dem Garten gefahren ist, hat sie gesagt: «So, ihr werdet schon sehen. Jetzt überlegt sich der Papa alles, und wenn er zurückkommt, ist er normal!»

«Schwiegermädchen, dein Wort in Gottes Ohr!», hat der Opa geseufzt. Dann ist er wieder zurück in sein Zimmer gegangen.

Der Gurkinger hat noch immer bei der Wohnzimmertür gestanden.

«Pack dich!», habe ich ihn angeschrien.

Der Gurkinger ist blitzschnell im Wohnzimmer verschwunden.

Der Nik hat unglücklich geschaut.

«Tut er dir vielleicht Leid?», hat ihn die Martina gefragt.

Da hat der Nik noch unglücklicher geschaut. Dann hat er geflüstert: «Ich mag ihn halt!»

«Alle kann man nicht mögen», hab ich gesagt. «Die Gemeinen darf man überhaupt nicht mögen!» Aber ganz sicher war ich mir nicht, ob ich da Recht habe.

Im dreizehnten Kapitel ist nicht viel zu gliedern.

Wir warten. Wir warten immer noch. Dabei reden wir natürlich auch. Weil das zu wenig für ein Kapitel ist, schreibe ich noch dazu, was am nächsten Tag in der Schule passiert. Es passiert nämlich eine Sache, die ganz erstaunlich ist.

Zum Abendessen war der Papa noch immer nicht zu Hause. Wir haben bis neun Uhr auf ihn gewartet, dann haben wir allein gegessen. Die Mama war noch immer eine Optimistin. Sie hat gesagt: «Seht ihr, seht ihr! Wenn der Papa so lange wegbleibt, dann überlegt er sich alles genau! Dann besinnt er sich!»

Als es dann schon elf Uhr war – der Nik war längst im Bett –, hat die Mama mit dem Optimismus aufgehört. Sie hat dauernd auf die Uhr geschaut, und alle zwei Minuten hat sie gemurmelt: «Es wird ihm doch nichts passiert sein! Wenn er sich ärgert, dann fährt er so schnell!»

Mehr hat die Mama nicht gesagt, aber an ihrem Gesicht hat man gesehen, dass sie sich die fürchterlichsten Sachen ausmalt.

Der Opa hat so getan, als ob er sich nichts Fürchterliches ausmalt, doch er hat schon zwei Stunden lang an seinem Leitartikel gelesen. Ich habe mir gedacht, er denkt auch mehr an den Papa als an die Zeitung.

Ich habe ein sonderbares Gefühl gehabt. Eigentlich habe ich zwei Gefühle gehabt: die Wut auf den Papa und die Angst um den Papa. Mit jeder Viertelstunde, die vergangen ist, ist die Wut kleiner und die Angst größer geworden. Und viele freundliche Sachen über den Papa sind mir eingefallen.

Die Martina hat auf der Couch gehockt und Nägel gebissen. Plötzlich hat sie geschluchzt: «Aber wir haben es ihm doch sagen müssen!»

Und die Mama hat gemurmelt: «Natürlich! Er kann mir doch nicht einfach das Wasserrohr anbohren!»

Um Mitternacht hat die Mama die Polizei angerufen. Aber die waren gar nicht besorgt. Sie haben gesagt: «Liebe

Dame, wenn wir alle Herren suchen sollten, die um Mitternacht nicht zu Hause sind, hätten wir viel zu tun!»

Die Mama hat ihnen erklärt, dass der Papa nicht so einer ist, sondern ganz anders und immer pünktlich nach Hause kommt.

Und der Polizist hat gesagt: «Ja, ja, liebe Dame, den Spruch kennen wir auch!» Jedenfalls hat der der Mama versichert, dass weit und breit nur ein einziger Autounfall war: ein Tankwagen gegen einen Volkswagen. Da war die Mama beruhigt und ist wieder eine Optimistin geworden. Sie hat gemeint, der Papa übernachtet sicher in einem Hotel und wird dort normal.

«Er ist ein guter Mensch», hat sie gesagt, «wirklich! Er ist nicht so übel, wie ihr glaubt! Wirklich!» Wir haben ihr nicht widersprochen, aber zugestimmt haben wir auch nicht. Die Mama hat dann wie ein Wasserfall vom Papa geredet: dass er es nie leicht gehabt hat, dass der Opa den Onkel Herbert dem Papa immer vorgezogen hat, dass der Papa, obwohl er so gescheit ist, noch immer den miesen Posten hat, und wie er darunter leidet, und dass er doch nichts dafür kann, wenn er einen schlechten Geschmack hat und ihm Kleider gefallen, die wir nicht mögen. Und geizig ist er auch nicht, hat sie erklärt, er will nur die Schulden für das Haus weghaben, darum spart er so.

«Das müsst ihr doch verstehn!», hat sie gerufen.

Die Martina hat gesagt: «Bitt schön! Dass er geizig ist, hast du ihm immer vorgeworfen!»

Da war die Mama still, und der Opa hat gesagt, wir müssen jetzt schlafen gehen, sonst verschlafen wir am Morgen.

Ich war wirklich furchtbar müde. Ich bin aufgestanden und wollte in mein Zimmer gehen, da ist die Tür von Papas Zimmer aufgegangen. Ich habe einen freudigen Schreck bekommen. Einen Moment lang habe ich gedacht, der Papa ist vielleicht zurückgekommen und durchs Fenster in sein Zimmer gestiegen.

Es war aber der Gurkinger, der die Tür aufgemacht hat. Der Gurkinger hat empört geschaut und gefragt: «Wo sinds Herren Hogelmann!»

«Herren Hogelmann sinds nix da!», hat die Martina gerufen.

Der Gurkinger hat gesagt: «Wir das Hunger spürst! Nix bekommt der Nährung das ganze Tage!» Er hat anklagend geschaut.

Die Mama hat in die Küchenrichtung gedeutet. «Die ausgewachsenen Kartoffeln sind unter der Spüle!»

Der Kumi-Ori-König war erschüttert. «Wir nie nix selber! Wir nie nix geholen!»

«Dann bleib halt hungrig!», habe ich ihm vorgeschlagen.

Doch das wollte er nicht. Er ist in die Küche hinaus, dann ist er wiedergekommen und verbittert an uns vorbeigegangen. Er hat den ganzen Kartoffelsack hinter sich her geschleppt.

Obwohl ich so spät ins Bett gekommen bin, war ich zeitig

munter. Die Martina war noch gar nicht bei mir klopfen.

Ich bin zu Papas Zimmer und habe die Tür aufgemacht. Auf dem Fußboden haben lauter Kartoffeln gelegen, und der Gurkinger hat in Papas Bett geschnarcht. Der Papa war nicht da.

Dann bin ich zur Mama ins Zimmer. Dort war die Martina. Sie haben mir erzählt, dass sie schon wieder bei der Polizei angerufen haben, und die Polizei hat sogar in allen Spitälern nachgefragt. Aber der Papa ist in keinem Spital. Also hat er keinen Unfall gehabt.

Ich habe gefragt: «Glaubst du, Mama, will er sich von uns scheiden lassen?»

Die Mama hat es nicht geglaubt. Sie hat gesagt: «So einer ist unser Papa nicht. Er hat nicht zu wenig Familiensinn, sondern höchstens zu viel!»

Wir sind dann in die Schule gegangen. Ich war in der Schule nicht sehr aufmerksam und habe nicht einmal bemerkt, welche Fächer wir haben, und in der dritten Stunde habe ich mich sehr blamiert. Ich sitze so und denke vor mich hin, ob der Papa schon zu Hause ist und ob er wieder normal ist, da stößt mich der Friedl, mein Nachbar. «Wolfi», zischt er. Und noch einmal: «Wolfi!»

Ich schau ihn an.

Er flüstert: «Du bist dran!»

Da bin ich aufgestanden und zur Tafel gegangen. Ich hab überhaupt keine Ahnung gehabt, was ich gefragt worden bin. Der Schestak – er sitzt in der ersten Bankreihe – hat mir zugeflüstert: «Du sollst ein Herz aufzeichnen!»

Da hab ich die Kreide genommen und ein großes Herz auf die Tafel gemalt, mit einer edlen Spitze unten dran.

Alle in der Klasse haben gelacht und gekreischt wie die Affen. Und ich habe endlich begriffen, dass wir jetzt Biologie haben und dass ich ein Menschenherz mit Vorkammern, Kammern und Klappen hätte zeichnen sollen und kein Lebkuchenherz. Aber da war es schon zu spät. Der Biologiemensch hat mich auf meinen Platz zurückgejagt und gebrüllt, ich soll meine Schau woanders abziehen.

Das hat mich ermuntert. Noch mehr ermuntert hat mich die Tatsache, dass der Haslinger gesichtet wurde, im Gang. In der fünften Stunde ist er dann tatsächlich in unsere Klasse gekommen. Er hat hundsmiserabel ausgesehen, und er hat mindestens zehn Kilo weniger gehabt. Und zitronengelb war er im Gesicht von der Leberkrankheit.

Der Haslinger hat sich an den Lehrertisch gesetzt. Sonst hat er immer beim Unterricht gestanden. «So, da bin ich wieder», hat er gesagt.

Wahrscheinlich hat er gehofft, wir freuen uns. Aber es hat sich keiner gefreut, weil der junge Lehrer ein lustiger Mensch war.

Dann hat der Haslinger zum Schestak gesagt: «Schestak, berichten Sie, was während meiner Abwesenheit durchgenommen wurde!»

Der Titus wollte berichten. Doch der Slawik Berti hat dazwischengeschrien: «Bitte, Herr Professor, die Staffeln und die Unterschriften vom Hogelmann!»

Ich hätte ihn umbringen können, den Sauhund! Doch der Haslinger hat sinnend geblickt. Es hat so ausgesehen, als müsste sich der Haslinger mühsam erinnern, von welchen Staffeln und welchen Unterschriften die Rede ist.

Ich bin aufgestanden und habe gesagt: «Bitte, ich habe nicht gewusst, dass wir Sie heute haben!»

Der Haslinger hat zu mir «ja, ja» gesagt, und dann hat er mich angeschaut und hat erklärt: «Der junge Herr Kollege, der mich während meiner Krankheit vertreten hat, hat mir heute Morgen extra berichtet, dass er Sie nicht für einen mathematischen Versager, sondern für einen guten Rechner hält! Hogelmann, kommen Sie heraus und berichten Sie den Stoff!»

Der Titus hat sich glücklich niedergesetzt, und ich bin zur Tafel gegangen. Ich habe gerechnet bis zum Läuten. Ich habe mich nur ein einziges Mal geirrt, und das war bei einer Kleinigkeit. Je länger ich gerechnet habe, desto gelber und müder ist der Haslinger im Gesicht geworden. Und als es geläutet hat, hat er zu mir gesagt: «Wollen Sie mir bitte in das Geographiekabinett folgen!»

Ich bin dem Haslinger ins Geographiekabinett gefolgt. Dort ist der Haslinger immer in der Pause und wenn er gerade keine Unterrichtsstunde hat. Er geht nie zu den anderen Lehrern ins Konferenzzimmer.

Der Haslinger hat sich zu einem großen Globus gestellt

und hat den Globus gedreht. Er hat gesagt: «Sie haben sich während meiner Abwesenheit sehr verbessert, sehr verbessert!»

Dann hat er gesagt, dass er ein alter Mann ist, und krank ist er auch. Und siebenunddreißig Schüler in einer Klasse sind viel zu viel. Und früher war er auch lustiger. Und er kann sich leider nicht um jeden Einzelnen kümmern.

Ich habe gedacht: Lieber Haslinger, ich kann mich nicht beklagen, dass du dich zu wenig um mich gekümmert hast! Dann hat der Haslinger gesagt und dabei den Globus rotieren lassen: «Also, Hogelmann, verstehen Sie mich bitte. Ich meine, der junge Herr Kollege, also, man lernt ja heutzutage beim Studium andere didaktische Methoden, doch wenn Sie, ich meine, ich würde Ihnen sicherlich auch ...» Ich habe keinen Schimmer, was didaktische Methoden sind, aber ich habe begriffen: Der Haslinger grämt sich. Der glaubt, der junge Lehrer hat mir das Rechnen beigebracht. Und er ist verstört, weil ich bei ihm nicht hab rechnen können.

Ich habe dem Haslinger gesagt, dass ich jeden Tag wie ein Wilder mit meiner Schwester gerechnet habe, oft stundenlang.

«Aha, ach so», hat der Haslinger gemurmelt. Er hat nicht mehr so müde ausgesehen. «Aha, ach so, mit dem Fräulein Schwester! Stundenlang!» Und hinzugefügt hat er noch: «Sehen Sie, sehen Sie, junger Mann! Ohne Fleiß kein Preis!» Dann hat er wieder den Globus gedreht.

Ich habe nicht gewusst, ob ich noch dableiben soll oder schon wieder gehen kann. Ich wollte ihn gerade danach fragen, da sagt er: «Möchten Sie Geographie-Ordner bei mir werden?»

Eigentlich wollte ich überhaupt kein Ordner werden, weil ich keine Lust habe, die Globen abzustauben und die Landkarten aufzurollen, aber ich konnte doch das Ehrenamt nicht abschlagen. Ich habe «ja, ja, gerne» sagen müssen. Der Haslinger hat mir gezeigt, wie man die Karten am ordentlichsten aufrollt und die Globen am sorgfältigsten säubert und wie man die Reliefe in die Fächer legt, dass sie keinen Schaden erleiden. Dabei hat er mir erzählt, er hat bis jetzt so einen sauberen, tüchtigen Ordner gehabt, aber leider ist der ein Fahrschüler, einer, der mit dem Zug zur Schule fährt, weil er so weit weg wohnt. Und dem Fahrschüler sein Zug fährt jetzt früher, und der saubere Ordner versäumt den Zug, wenn er die Globen weiter abstaubt.

Dann schaut mich der Haslinger plötzlich an und fragt: «Aber Sie, Hogelmann, Sie sind doch hoffentlich kein Fahrschüler? Oder?»

«Ich? Nein! Nein! N-e-i-n», stottere ich.

«Wohnen Sie weit von der Schule entfernt?», fragt der Haslinger.

«Nein», antworte ich, «ich wohne bei der alten Stadtkirche um die Ecke herum!»

«So ein Zufall», sagt der Haslinger, «dort in der Nähe wohne ich auch!»

Ich bin wie im Traum aus dem Geographiezimmer gekommen. Ich habe gedacht: Der Haslinger hat ja gar keine Ahnung gehabt, wo ich wohne! Der Haslinger hat mich also gar nicht wieder erkannt! Der Haslinger hat also nur einen ganz gewöhnlichen Lehrerzorn auf mich gehabt! Wenn ich mir nicht um den Papa Sorgen gemacht hätte, wäre ich wahrscheinlich sehr glücklich gewesen. Doch etwas glücklich war ich auch so. Ich habe meine Schultasche aus der Klasse geholt. In der Klasse war keiner mehr. Die Unterredung mit dem Haslinger hat ja lange gedauert.

Ich bin die drei Stockwerke hinuntergerannt und habe den Klassikergipsköpfen an den Treppenabsätzen zugenickt. Und unten im Vorhaus von der Schule, zu der die besseren Schüler Aula sagen, bin ich stehen geblieben und habe laut «bääähhh» gemacht.

Unser Unterhausmeister, der die Öfen heizt, ist vorbeigekommen.

«Hast du so eine Wut, dass du bääähhh! machst?», hat er mich gefragt.

«Aber nein», habe ich gesagt, «die Schule ist gar nicht so blöd, wie man manchmal glaubt!»

Er hat gemeint, da soll ich erst einmal in der Schule den Dreck putzen und die Öfen heizen, dann würde ich schon merken, wie blöd die Schule ist.

Die Martina hat vor dem Tor auf mich gewartet. Sie hat gesagt, sie will nicht allein nach Hause gehen, weil sie Angst hat, dass der Papa noch immer nicht zu Hause ist.

Eigentlich wollte ich der Martina vom Haslinger berichten, doch ich bin nicht dazu gekommen, weil wir so gerannt sind. Sonst brauchen wir immer mindestens zwölf Minuten für den Heimweg. Diesmal haben wir es in sieben Minuten geschafft.

Einen Teil des vierzehnten Kapitels werde ich wie ein Theaterstück schreiben.

Weil nämlich in dem Teil der Lawuga und der Livka reden und ich mir mit dem Doppelpunkt hinter dem Namen das dauernde «sagte er», «hat er gesagt», «meinte er» erspare. Ich fange aber normal an, ohne Doppelpunkt.

Wir waren also in sieben Minuten zu Hause. Die Mama hat bei der Haustür gestanden und zu uns gesagt: «Der Papa wird jeden Augenblick gebracht werden!»
«Wieso wird er gebracht werden?», haben die Martina und

ich gefragt. Die Mama war ganz durcheinander. Sie weiß
es auch nicht, hat sie erklärt und sich dabei den Daumen-
nagel kurzgebissen.

«Der Livka und der Lawuga haben angerufen und gesagt,
sie bringen ihn, aber wir sollen uns keine Sorgen machen»,
hat der Nik erklärt.

«Und dass er Ruhe braucht», hat die Mama gesagt, «das
haben der Livka und der Lawuga auch gesagt. Sonst
nichts!»

Dann hat ein Auto vor unserem Garten gehalten. Der
Livka und der Lawuga sind ausgestiegen. Der Livka und
der Lawuga sind Arbeitskollegen vom Papa. Ich kenne sie
schon lange. Der Livka ist lustig und der Lawuga ein ko-
mischer Mensch. Die beiden haben den Papa aus dem
Auto gezogen. Er war ganz weiß im Gesicht, mit ein paar
blutigen Kratzern zwischendurch. Der Livka und der Lawuga haben den Papa gestützt. Sie haben ihn in die Mitte
genommen und Papas Arme um ihre Schultern gelegt. So
haben sie den Papa bis ins Wohnzimmer zur Couch geschleppt. Die Mama hat einmal hinten und einmal vorn
mitgeschleppt.

Der Papa ist auf die Couch gesunken. Die Mama hat ihm
mühsam den Mantel und die Jacke und die Schuhe ausge-
zogen. Dann hat sie ihn mit einer Wolldecke zugedeckt.
«Willst du einen Schluck trinken?», hat sie ihn gefragt,
«oder einen Kopfumschlag?»

Der Papa konnte nicht mehr sagen, ob er was zu trinken

oder einen Umschlag will, weil er nämlich schon eingeschlafen war. Er hat geschnarcht und dazwischen gestöhnt.

Die Mama hat den Livka und den Lawuga gebeten, Platz zu nehmen. Die Mama, der Opa, der Lawuga und der Livka haben sich an den großen Tisch gesetzt, die Martina und ich, wir haben uns auf den Teppich gehockt. Und der Nik ist auf die Couch hinauf, neben die schlafenden Papafüße. Er hat neben dem Papa gesessen wie der Hund vom Herrn Hawlica, wenn der Herr Hawlica im Garten in der Sonne liegt.

Ein bisschen hat der Nik aber auch ausgeschaut wie der Schutzengel, der im Caritaskalender über den Kinderbetten glitzert.

Ich glaube, wir waren alle recht froh darüber, dass der Nik so angestrengt den Papa bewacht. Da hat er nämlich nicht gequatscht; er hätte sonst vielleicht dem Livka und dem Lawuga eine Menge Sachen erzählt, die besser in der Familie bleiben.

Die Mama hat den Livka und den Lawuga gefragt, was denn eigentlich passiert ist. Und einen Whisky hat sie ihnen auch gegeben. Der Lawuga hat gesagt, er kann keinen trinken, weil er mit dem Auto zurückfahren muss. Da hat ihm dann die Mama eine Cola gebracht. Aber der Lawuga hat dann doch den Whisky getrunken und die Cola stehen lassen.

Nun schreibe ich den Bericht vom Livka und vom Lawuga nieder. Ich lasse dabei aus, dass der Papa im Hintergrund manchmal aufgestöhnt hat. Dann hat ihm der Nik die Decke zurechtgezogen. Und dass der Lawuga beim Erzählen unsere Keksdose leer gefressen hat, das erzähle ich auch nicht extra. Und dass die Mama manchmal zwischendurch «ogottogottogott» gestöhnt hat, das lasse ich auch aus.

Bericht der Kollegen Livka und Lawuga

(Übrigens, der Livka ist klein und dünn, der Lawuga ist groß und auch dünn.)

Lawuga: Also, liebe gnädige Frau, die Sache ist etwas kompliziert zu erklären. Heute um neun Uhr bin ich mit der Schadensakte ...

Livka: Herr Kollege, ich denk, wir sollten mit dem gestrigen Abend beginnen!

Lawuga: Ja, da haben Sie Recht. Wenn Sie vielleicht, ich meine, Sie sind da immer exakter ...

Livka: Gestern bei Büroschluss war der Kollege Hogelmann noch sehr heiter.

Lawuga: In der Tat, in der Tat, Gnädigste, das kann ich bestätigen. Der Kollege Hogelmann hat mir sogar in der Halle unten einen Witz, alle Achtung, einen tollen Witz erzählt!

Livka: Er hat gesagt, er fährt gleich nach Hause. Aber das kann nicht gestimmt haben, er war nämlich schon eine halbe Stunde später wieder im Büro.

Lawuga: Aber das wussten wir gestern natürlich nicht, das hat uns erst heute früh der Herr Böck, unser Portier, erzählt. Ich jedenfalls, ich komme heute Morgen in das Büro von Kollege Hogelmann, mit einer komplizierten Schadensangelegenheit, da war der Kollege Hogelmann nicht in seinem Zimmer! Die Dame, die beim Kollegen Hogelmann im Vorraum sitzt, eine gewisse Kasparek, die sagt zu mir, der Herr Hogelmann ist noch nicht da! Ich habe aber dringend für die komplizierte Schadensache ein Schriftstück gebraucht, das ich auf Kollege Hogelmanns Tisch vermutete. Allerdings war es nicht dort.

Livka: Kollege Lawuga, ich bitte Sie! Das interessiert doch die Frau Hogelmann nicht. Also, der Kollege Lawuga bemerkte, dass sowohl Hut als auch Mantel Ihres Gemahls im Bürozimmer waren.

Lawuga: Und das ist mir und der Kasparek komisch vorgekommen. Und wie wir uns wundern, klingelt das Telefon, und am Apparat ist der Portier, der Böck. Er sagt, er möchte den Herrn Hogelmann um die Rückgabe der Kellerschlüssel bitten, die er dem Herrn Hogelmann gestern Abend gegeben hat. Da haben sich die Kasparek und ich überhaupt nicht mehr ausgekannt.

Livka: Die Kasparek und der Lawuga sind zu mir ins Zimmer gekommen und haben mir die Sache erzählt.

Wir haben dann beim Böck nachgeforscht. Der Hogelmann war also gestern nach Büroschluss, als alle anderen Kollegen schon weg waren, noch einmal im Büro. Zuerst ist er in sein Zimmer gegangen, hat der Böck erzählt. Und dann ist er zum Böck gekommen und hat ihn um die Kellerschlüssel gebeten.

Lawuga: Der Böck behauptet, der Kollege Hogelmann habe sehr verärgert und vergrämt dreingeschaut, geradezu krank habe er gewirkt. Und angeblich habe er gemurmelt, so etwas Ähnliches wie ...

Livka: Ich muss mir Gewissheit verschaffen!

Lawuga: Der Böck hat sich angeblich dann noch erkundigt, worüber sich der Kollege Gewissheit verschaffen muss, da hat der Kollege Hogelmann ganz sonderbar dreingeschaut ...

Livka: ... und hat gesagt: «Herr Böck! Ich glaube, ich bin einem fürchterlichen Betrug auf der Spur!»

Lawuga: Dann ist der Kollege Hogelmann mit den Kellerschlüsseln in den Keller hinunter, und der Böck ist Blumengießen gegangen. Der Böck ist nämlich ein Blumenfreund.

Als der Böck vom Blumengießen zurückgekommen ist, hat er geglaubt, der Hogelmann ist schon nach Hause gegangen und hat aus Versehen die Kellerschlüssel eingesteckt. Jedenfalls hat er sich um den Keller nicht mehr gekümmert.

Ich aber, ich sage zum Böck, dass ich die Korrektheit

vom Herrn Hogelmann kenne. Nie im Leben, erkläre
ich, steckt der Hogelmann aus Versehen einen Kellerschlüssel ein und vergisst seinen Mantel und kommt
dann am nächsten Tag nicht ins Büro.

Livka: Da stößt die Kasparek einen Schrei aus und meint,
vielleicht hat ihn gestern im Keller der Schlag getroffen!
Wir sind in den Keller galoppiert, der Lawuga, der
Böck, die Kasparek und meine Wenigkeit. Die Kellertür war sperrangelweit offen ...

Lawuga: Und wenn ich so sagen darf, es bot sich uns ein
Bild der Verwüstung und des Schreckens. Ich möchte
sagen, es war direkt unheimlich!

Livka: Die großen Aktenstöße waren umgekippt, alle Akten aus den Regalen waren auf dem Boden verstreut,
und überall lagen zerfledderte Papierbogen und Schrift-
stücke!

Lawuga: Außerdem raschelte und knackste es so unheimlich.

Livka: Das Papier hat geraschelt. Das war doch nicht unheimlich.

Lawuga: Werter Kollege, ich lebe seit vierzig Jahren mit
Akten. Ich kenne sehr wohl ein normales Papiergera-
schel. Das Geraschel im Keller war nicht normal! Im
Keller war ein Ton dabei, ein so sonderbarer Ton.

Livka: Vielleicht haben Sie eine Ratte pfeifen hören. Im
Keller müssen nämlich Ratten sein. Die meisten Akten-
stücke waren richtig angenagt!

Lawuga: Also, ich bin dann durch die Papiere gewatet. Es war sehr mühsam, außerdem hat es von den zernagten Aktenbergen kleine Papierfetzen geschneit. Und dabei habe ich gerufen: «Kollege Hogelmann! Kollege Hogelmann! Sind Sie hier?» Dann habe ich es stöhnen hören. Es ist mir eiskalt über den Rücken gelaufen! Eiskalt!

Livka: Und dann hat er ihn gefunden, und er hat uns gerufen, dass er ihn gefunden hat.

Lawuga: In der Tat! Ich fand ihn! Das heißt, eigentlich fand ich nur seine Füße. Die schauten nämlich unter einem Aktengebirge heraus. Ich habe gefragt: «Herr Hogelmann, sind Sie es?» Da hat es aus dem Aktengebirge laut gestöhnt.

Livka: Also, wir haben den Kollegen Hogelmann dann ausgegraben. Er war wohl bei Bewusstsein, aber fürchterlich verwirrt, und unerklärlicherweise hat er lauter Papierfetzen im Mund gehabt. Wir haben ihm die Fetzen aus dem Mund gezogen.

Lawuga: Und da hat der Kollege dann sehr sonderbare Sachen gemurmelt, sehr sonderbare. Er muss phantasiert haben. Er hat gemurmelt: «Sie haben wirklich keinen Kaiser. Sie sind wahnsinnig. Sie haben wirklich keinen Kaiser.»

Livka: Das hat er immer wieder gemurmelt und «Betrug, Betrug, Betrug!» geseufzt.

Lawuga: Als wir den Kollegen Hogelmann ausgegraben

haben, ist noch etwas Ungeheuerliches passiert. Die Kasparek hat plötzlich gekreischt, wie, wie … Na, sehr halt!

Livka: Es hat sie nämlich irgendetwas gebissen. Unerklärlich, aber es war so. Die Kasparek hat ihr Bein aus dem Aktenzeug gezogen. Es war tatsächlich ganz blutig. Die Kasparek ist schreiend durch das Papier aus dem Keller gewatet.

Lawuga: Wissen Sie, man kann schlecht gehen, wenn der Boden so mit lauter Papier bedeckt ist. Ja, und dann haben wir den Kollegen Hogelmann aus dem Keller geschleppt, und er hat wieder verworrenes Zeug geredet.

Livka: Er hat gerufen: «Schnell, schnell, sonst kommen sie wieder! Kollegen, schnell, die Bestien, die Bestien kommen wieder!»

Lawuga: Als wir ihn dann aus dem Keller draußen gehabt haben, hat er geseufzt: «Kollegen, ihr kamt im letzten Augenblick.» Dann ist er ohnmächtig geworden.

Das war also der Bericht vom Lawuga und vom Livka. Die zwei haben noch einen Whisky getrunken und die letzten Kekse aufgegessen. Dabei haben sie erklärt, dass es nur so gewesen sein kann: Der Papa muss hinter irgendeinem Autoversicherungsbetrug her gewesen sein. Hinter einem alten. Und darum ist er noch einmal ins Büro zurückgegangen und wollte wahrscheinlich im Keller in den alten

Akten etwas finden. Da muss ihm übel geworden sein, und er ist ohnmächtig geworden. Und dann sind leider die Ratten gekommen. Und als der Papa aus der Ohnmacht erwacht ist, hat er von den Ratten einen Schock bekommen, weil Ratten ja wirklich furchtbare Viecher sind.

Bedauerlich ist nur, hat der Lawuga noch gesagt, dass so ehrgeizige Kollegen wie der Herr Hogelmann einen nie ins Vertrauen ziehen, wenn sie hinter einem Fall her sind, sonst hätte man ihn schon früher gefunden.

Die Mama hat gleich gesagt, ja, das ist sehr bedauerlich. Und wir haben uns alle beeilt, dem Livka und dem Lawuga zu versichern, dass die Ratten furchtbare Viecher sind und dass es sich nur um Ratten gehandelt haben kann.

Der Livka hat gesagt, dieser Fall wird der Autoversicherung eine Lehre sein. Sie streuen schon heute DDT oder so ein ähnliches Pulver. Dann hat der Lawuga noch gesagt, der Versicherungsdirektor lässt den Papa bitten, sich gut zu erholen und bald wieder gesund zu werden; weil die Versicherung so tüchtige, einsatzfreudige Beamte wie den Papa notwendig braucht.

Dann sind der Livka und der Lawuga gegangen, und ich habe endlich Lawugas Cola austrinken können.

Das ist das letzte Kapitel, das fünfzehnte.

Es ist gut, dass die Geschichte nun zu Ende ist, weil sie mir morgen den Gips vom Fuß herunternehmen, und dann hätte ich sowieso zum Schreiben keine Zeit mehr. Im letzten Kapitel erzähle ich, wie uns der Nik aus der Verlegenheit hilft.

Nachdem der Livka und der Lawuga fort waren, hat die Mama den Papa beobachtet. Der Papa hat schon viel weniger gestöhnt. Aber die Mama war trotzdem beunruhigt. Sie hat unseren Doktor Binder angerufen. Der Doktor Binder ist gleich gekommen, weil er nur zwei Häuser weiter wohnt. Er hat dem Papa den Puls und den Blutdruck und die Temperatur gemessen. Da ist der Papa kurz aufgewacht und hat müde herumgeschaut und hat gemurmelt: «Gottlob, zu Hause!» Dann ist der Papa gleich wieder eingeschlafen.

Der Doktor Binder hat den Puls und den Blutdruck und die Temperatur vom Papa für normal gehalten. Doch dann hat er dem Papa mit der Taschenlampe in die Augen geleuchtet. Vorher hat er natürlich dem Papa die Augenlider hochgezogen, weil der Papa ja die Augen zugehabt hat. Irgendwelche Reflexe haben dem Doktor Binder gesagt, dass der Papa eine Gehirnerschütterung hat. Und zwar gar keine leichte, auch keine schwere, sondern eine mittlere. Er hat dem Papa Bettruhe verordnet. Und ein Umschlag auf dem Kopf kann auch nicht schaden, hat er gemeint. Das hat er aber sicher nur der Mama zuliebe gesagt, weil er weiß, dass die Mama so gern Umschläge macht. Und beim Weggehen hat der Doktor Binder zur Mama gesagt: «Ihr werter Herr Gemahl, gnädige Frau, wird sich wahrscheinlich später nicht mehr an den Unfall erinnern können. Das ist bei Gehirnerschütterungen manchmal so. Es wird sogar so sein, dass er wesentlich größere Gedächtnislücken haben wird.»

«Das wäre aber wirklich wunderbar!», hat die Mama gerufen.

«Wieso wäre das wunderbar?», hat der Doktor Binder ganz erstaunt gefragt. Da hat die Mama gestottert, dass sie es nicht so gemeint hat, sondern ganz anders. Der Opa hat in sein Taschentuch gehüstelt, damit man nicht merkt, wie er grinst.

Dann hat der Doktor Binder noch gesagt: «Bitte, stellen Sie Ihrem Herrn Gemahl möglichst wenige Fragen, wenn er wieder munter wird. Verdunkeln Sie das Zimmer. Seien sie milde und freundlich. Er braucht Schonung!»

Dann hat der Opa erklärt, wir müssen eine Familienberatung abhalten. Wir sind in die Küche gegangen, damit wir den Papa nicht stören und damit wir ungestört sind. Wir haben genau gewusst, was wir beraten müssen, doch anfangen wollte keiner. Endlich hat der Opa gesagt: «So! Euer Vater ist wieder da! Er hat es überstanden. Er wird bald wieder gesund sein. Doch bevor der Papa gesund ist, müssen wir den leidigen Rest der Angelegenheit in Ordnung bringen!»

Der Nik hat anscheinend doch nicht gewusst, was wir beraten wollen, denn er hat gefragt: «Was ist der leidige Rest, den wir in Ordnung bringen müssen?»

«Der Gurkinger», hat die Mama gesagt.

«Der Gurkinger muss weg!», hat die Martina gerufen, und der Opa und ich haben genickt.

Aber wie wir den Gurkinger loswerden sollen, das haben wir nicht herausgefunden. Die Mama hat zwar erklärt, der Kumi-Ori-König muss unbedingt weg, aber sie hat auch erklärt, sie kann keiner Fliege was zuleide tun und dem Gurkenkürbis auch nicht. Und sie will auch nicht, dass wir ihm etwas antun. Man muss tolerant und gütig sein, hat sie gesagt.

Der Opa hat gemeint, mit Toleranz und Güte werden wir bei dem Gurkinger nicht weit kommen, aber einen brauchbaren Vorschlag hat er auch nicht gehabt. So haben wir die Beratung auf den nächsten Tag vertagt. Als Zwischenlösung haben wir beschlossen, dass der Papa für diese Nacht im Wohnzimmer liegen bleibt, und den Gurkinger haben wir in Papas Zimmer eingesperrt. Wir wollten nicht, dass der Papa noch einmal mit dem Gurkinger zusammentrifft. Die Martina hat sich dann ihr schönstes Kleid angezogen. Und mit der Lockenschere hat sie sich die langen Stirnfransen zu Ringellocken gedreht, weil das der Stanek Kurti so mag. Mit dem ist sie nämlich ins Kino gegangen.

Die Mama hat gemeint, sie ist sich nicht sicher, ob das dem Papa recht sein würde, wenn die Martina in die letzte Kinovorstellung geht.

Die Martina hat gesagt: «Erstens ist morgen schulfrei. Da würde ich sowieso nicht zeitig schlafen gehen. Zweitens brauchen meine Nerven eine Erholung, und drittens hat der Kurti keine langen Haare!» Daran, wie sie «Kuuuurtiiiii» gesagt hat, habe ich erkannt, dass der Kurti der Nachfolger vom Berger Alex ist.

Der Opa ist gleichzeitig mit der Martina aus dem Haus gegangen. Er wollte im Kaffeehaus die ausländischen Zeitungen von der letzten Woche nachlesen. Die Mama hat erklärt, der heutige Tag war für ihre Nerven zu anstrengend. Sie hat ein Schlafpulver genommen und hat sich ins Bett gelegt. Vorher hat sie den Papa noch mit einer zweiten Decke zugedeckt.

Ich bin mit dem Nik in der Küche geblieben. Eigentlich wäre ich lieber in mein Zimmer gegangen und hätte endlich den Krimi zu Ende gelesen, den ich vor vier Wochen angefangen habe. Aber der Nik hat so traurig und vergrämt dreingeschaut, ich wollte ihn nicht allein lassen. Ich wollte mit dem Nik Spaß machen, doch der Nik wollte keinen Spaß haben. Er hat vor sich hin gestarrt, dann hat er plötzlich gesagt: «Du Wolfi, ich muss jetzt noch weggehen!»

«Bei dir piept es wohl», habe ich gesagt, «so ein kleiner Knirps kann doch um halb neun am Abend nicht mehr fortgehen.»

«Ich muss aber!», hat der Nik erklärt.

«Gar nichts musst du, du Blödel», habe ich gesagt. Der Nik hat mich angeschaut, voll Wut. Da ist mir plötzlich eingefallen, wie gemein ich mich benehme und wie scheußlich ich mit dem Nik rede. Genauso wie ein Erwachsener, habe ich mir gedacht. Und ich habe gemerkt, wie leicht es einem fällt, gemein zu sein.

«Entschuldige, Nik», habe ich gesagt, «du bist kein Blödel. Musst du wirklich noch fort?» Der Nik hat genickt.

«Kann ich dich begleiten?», habe ich gefragt. Der Nik hat den Kopf geschüttelt.

«Wirst du lange wegbleiben?»

«Nein, nur eine Viertelstunde», hat der Nik erklärt.

«Ehrenwort?»

«Ehrenwort!», hat der Nik gesagt. Dann ist er aus der Küche gegangen. Ich habe durch die Küchentür gesehen, dass er in die Abstellkammer geht. Er ist mit dem kleinen Kinderrucksack zurückgekommen. Dann hat er den Schrank unter der Spüle aufgemacht und hat den Rucksack mit ausgewachsenen Kartoffeln gefüllt. Er hat mich nicht angeschaut, und ich habe auch so getan, als ob ich ihn gar nicht sehe. Dann ist der Nik mit dem Rucksack aus der Küche gegangen. Die Küchentür hat er hinter sich zugemacht. Ich bin sitzen geblieben und habe gewartet. Ich habe nichts gehört. So ungefähr nach einer Minute habe ich im Vorhaus etwas quietschen hören. Das waren die Räder vom Korbpuppenwagen. Und dann habe ich die jammernde Stimme vom Gurkinger gehört: «Das wir gar nix wollten! Gar nix wollten! Wir hier bleibsten wollten!» Und dann dem Nik seine Stimme: «Das geht leider nicht!» Ich habe aus dem Küchenfenster geschaut. Draußen war es dunkel. Nur das erleuchtete Küchenfenster hat einen riesengroßen Lichtfleck auf den Kiesweg, zur Gartentür hin, geworfen. Und über den Lichtfleck ist der Nik gegangen. Er hat den Puppenwagen vor sich her geschoben. Im Puppenwagen, mit der Krone auf dem Kopf und dem Kinderrucksack auf dem Rücken, hat der Kumi-Ori-König gesessen.

Dann ist der Nik hinter dem Lichtfleck verschwunden. Ich bin am Fenster sitzen geblieben und habe gewartet und auf die Uhr geschaut. Nach genau fünfzehn Minuten ist der Nik wiedergekommen und im Lichtfleck aufgetaucht – mit dem Puppenwagen. Aber jetzt war er leer.

Ich habe hinter dem Nik die Haustür zugesperrt. Ich hatte mir ja vorgenommen, dem Nik überhaupt keine Fragen zu stellen, aber ich habe doch gefragt: «Wo hast du ihn denn hingetan?»

Der Nik hat geflüstert: «Er wollte nicht aussteigen. Er hat es nicht eingesehen, dass wir ihn nicht mehr haben können. Er ist bös geworden und hat geschimpft. Ich habe ihn dann vor ein Kellerfenster gesetzt, vor eines, wo es so mufflig herausgerochen hat. Dort findet er sicher eine Wohnung. Dann bin ich schnell nach Hause gelaufen!»

Ich habe den Nik bewundernd angesehen. Dabei habe ich bemerkt, dass er quer über die Wange einen Kratzer hat.

«Er hat mich gekratzt, wie ich ihn aus dem Puppenwagen gehoben habe», hat mir der Nik erklärt.

Fast hätte ich «heile-heile-Segen» zum Nik sagen wollen, doch ich habe mir dann gedacht, dass der Nik dazu schon zu groß ist. Darum habe ich nur gesagt: «Komm! Gehn wir schlafen!»

Nachwort

Falls es noch irgendjemanden interessiert: Der Papa ist wieder gesund. Nur manchmal hat er noch Kopfweh. Jetzt sitzt er gerade im Wohnzimmer und streitet mit dem Opa darüber, wer von ihnen die bessere Zeitung abonniert hat. Er geht auch schon wieder arbeiten. Vom Autoversicherungsdirektor hat er ein Lob bekommen, weil man ja durch seinen Unfall auf die dortige Rattenplage aufmerksam geworden ist. So haben sie noch im letzten Moment die wichtigsten abgelegten Akten retten können.

Ob der Papa tatsächlich eine Gehirnerschütterung gehabt hat, ist nicht sicher. Ich glaube nicht daran. Und eines weiß ich ganz genau, der Papa kann sich sehr wohl an alles erinnern. Er tut nur so, als ob er nichts mehr wüsste. Weil es ihm unangenehm ist. Aber ich habe ihn beobachtet. Gleich am ersten Tag, als er wieder aufstehn konnte, hat er alles in seinem Zimmer durchsucht. Alle Schranktüren hat er aufgemacht, alle Schubladen hat er herausgezogen, unters Bett hat er geschaut, und gemurmelt hat er: «Wo ist der Betrüger? Wo ist der Schuft? Ich erwisch ihn schon noch!»

Da hat mir der Papa Leid getan. Ich habe gesagt, aber nicht direkt zum Papa, sondern einfach so zum Fenster hinaus: «Der Nik hat den Gurkinger abserviert! Ein für alle Mal!»

Der Papa hat nichts darauf gesagt. Aber er hat tief aufgeseufzt und hat sich wieder ins Bett gelegt. Und dann ist er eingeschlafen.

Christine Nöstlinger,

geboren 1936, gehört zu den populärsten Kinder- und Jugendbuchautoren. Sie lebt in Wien und veröffentlichte Gedichte, Romane und zahlreiche journalistische Beiträge. Christine Nöstlinger wurde mit zahlreichen Preisen ausgezeichnet, darunter den «Nobelpreis der Kinderliteratur», dem internationalen Hans-Christian-Andersen-Preis. Für «Wir pfeifen auf den Gurkenkönig» erhielt sie 1973 den deutschen Jugendpreis.

Bei Rotfuchs lieferbar: «Der liebe Herr Teufel» (20167) und «Der Spatz in der Hand» (20132).

Antje von Stemm,

geboren 1970, veröffentlichte nach diversen Pop-up-Büchern in den USA erstmals 1999 mit einem Pop-up-Buch zum Selberbasteln (s. u.) einen deutschen Titel. Er wurde von der Stiftung Buchkunst zu den schönsten Büchern gewählt und auf die Auswahlliste des Jugendliteraturpreises nominiert.

Bei Rotfuchs lieferbar: «Fräulein Pop und Mrs. Up und ihre große Reise durchs Papierland» (20963) und «Fräulein Pop und Mrs. Up und das Abenteuer Liebe» (21144).

Illustration: Markus Oberwalder

rororo rotfuchs

Roald Dahl
«Mit Sicherheit der erfolgreichste Kinderbuchautor der Welt.» The Independent

Charlie und der große gläserne Fahrstuhl
3-499-21212-9

Charlie und die Schokoladenfabrik
3-499-21211-0

Danny oder Die Fasanenjagd
3-499-21184-X

Der fantastische Mister Fox
3-499-20615-3

Die Giraffe, der Peli und ich
3-499-21148-3

Das große Roald-Dahl-Lesebuch
Das Wundermittel
Die Zwicks stehen kopf
Die Giraffe, der Peli und ich
3-499-21193-9

James und der Riesenpfirsich
3-499-21183-1

Sophiechen und der Riese
3-499-20582-3

Das Wundermittel
3-499-21185-8

Hexen hexen 3-499-21210-2

Matilda
Matildas Verstand ist so hell und scharf, dass er selbst den beschränktesten Eltern auffallen müsste. Nur sind Matildas Eltern leider beschränkter als beschränkt. Doch da entdeckt Matilda, dass sie nicht nur ein Wunder-, sondern auch ein Zauberkind ist …

3-499-21182-3

Illustration: Franziska Biermann

rororo Rotfuchs

Kommissar Pillermeier von Lilli Thal
mit Bildern von Franziska Biermann

«Kommissar Pillermeier ist der liebenswerteste und grandioseste, anarchistischste Polizeichaot seit Inspektor Clouseau.» (Thomas Köster, amazon.de)

Kommissar Pillermeier
3-499-21158-0
Kommissar Pillermeier und sein Assistent Rudolf Flotthammer sind die Krönung der Verbrechensbekämpfung – ihre Strafversetzung in die unbedeutendste und schäbigste Polizeiwache des Landes ist ungerecht und empörend! Aber Pillermeier wird es Oberinspektor Grantheimer schon noch zeigen: Im Rahmen der Aktion TFDP («Topleute für die Provinz») wird er nicht nur den Räubern Toni, Edi und Ludwig das Handwerk legen, sondern kriminalistische Lorbeeren sammeln. Wie schade, dass bei der Aktion nicht nur das Polizeiauto zu Schrott gefahren wird, sondern auch noch die Wache in Trümmer zerfällt.

Kommissar Pillermeier und die falschen Weihnachtsmänner
3-499-21172-6
Ausgezeichnet mit dem «Martin 2002» für den besten Kinderkrimi.

Kommissar Pillermeier im Filmfieber

3-499-21229-3

Illustration: Julia Kaergel

rororo Rotfuchs

Zoran Drvenkar
Nominiert für den Deutschen Jugendliteratur Preis

Der Bruder
3-499-20958-6

Niemand so stark wie wir
3-499-20936-5
Berlin-Charlottenburg: das ist das Viertel von Zoran und seiner Clique. Da ist Adrian, sein bester Freund; Karim, der Sohn eines türkischen Gemüsehändlers, Sprudel, der Junge, der beschlossen hat, kein Sterbenswörtchen mehr zu reden; Terri, Zorans Freundin aus dem besseren Viertel, und all die anderen. Da ist aber auch die Türkenclique, die ihnen den geliebten Fußballplatz streitig machen will. In jenen Tagen und Wochen pulsiert ihr Leben voller Liebe und Streit, Freundschaft und Auseinandersetzungen, Träumen und Ängsten. – Oldenburger Kinder- und Jugendbuchpreis 1999.

Der Winter der Kinder oder Alissas Traum
3-499-21188-2

Im Regen stehen
Zoran Drvenkar erzählt von seiner jugoslawischen Heimat und den ersten Jahren in der kleinen Berliner Wohnung. «Ein packender Roman» (Süddeutsche Zeitung).

3-499-20993-4

Christine Nöstlinger
Am Montag ist alles ganz anders
Roman
Gulliver Taschenbuch (78160), 128 Seiten *ab 10*

Wie kommt man zu einer Punkfrisur? So bunt und grell, dass
manche Leute vor sich hin murmeln: »O Gott, diese Jugend von
heute …« Kathi hat Glück. Kathi hat nämlich Läuse. Da müssen
die langen Haare weg. Und Kathis Großmutter ist Friseuse. Die
macht genau die Frisur, die sich Kathi wünscht. Was die beiden,
Kathi und ihre Großmutter, sonst noch alles unternehmen und
warum am Montag alles ganz anders ist, erzählt Christine
Nöstlinger in diesem vergnüglichen Buch.

Beltz & Gelberg
Beltz Verlag, Postfach 100154, 69441 Weinheim

Foto: Michael Nischke/Bavaria

rororo Rotfuchs

Spannende Bücher zu jungen Lebenswelten in unserer Zeit

**Frederik Hetmann/
Harald Tondern
Die Nacht, die kein Ende nahm**
In der Gewalt von Skins
3-499-20747-8

**Anatol Feid/Natascha Wegner
Trotzdem hab ich meine Träume**
*Die Geschichte von einer,
die leben will*
3-499-20552-1

**Heide Hassenmüller
Gute Nacht, Zuckerpüppchen**
3-499-20614-5

**Frauke Kühn
Das Mädchen am Fenster**
3-499-21167-X

**Margret Steenfatt
Hass im Herzen**
Im Sog der Gang
3-499-20648-X

**Harald Tondern
Wehe, du sagst was!**
Die Mädchengang von St. Pauli
3-499-20995-0

**Ann Ladiges
«Hau ab, du Flasche!»**
Immer häufiger greift Roland zur Flasche, wenn es Probleme gibt. Lange merken die Eltern nicht, wie abhängig er ist. Bis zu dem Tag, als er den Ring seiner Mutter versetzt. Kann Roland sich jetzt noch selber «aufs Trockene» retten?

3-499-20178-X